Mejora
Tu
$ituación

¨Lo que necesitas saber sobre tus finanzas personales y cómo calcularlo¨

PEDRO MORENO

D.R. © Pedro Moreno 2020
admin@calcfina.com
Todos los derechos reservados.
ISBN:

1

ÍNDICE

Introducción

La idea de escribir un libro sobre finanzas personales nace de un sincero deseo de ayudarlo a usted a mejorar su situación financiera.

Todos queremos ganar dinero, tener más para proveer bienestar a nuestras familias, pero muchas veces la falta de conocimiento sobre temas financieros, que parecen ser muy complicados, y la falta de explicaciones claras que podamos aplicar a nuestra situación en particular, nos hace cometer errores que impactan negativamente nuestras propias finanzas.

En este libro se explica de una manera práctica y sencilla una variedad de temas específicos que tienen que ver con sus finanzas personales. Se muestran ejemplos que ilustran cada tema tratado y se le brindan a usted las herramientas para responder, no solamente cada ejemplo presentado, sino el mismo ejemplo aplicado a su propia situación personal.

A usted le sirve de muy poco saber que un préstamo de "x" cantidad de dinero costará otro tanto en intereses, o cuánto será la letra mensual a pagar.

Usted lo que quiere saber es la misma información pero aplicada a su préstamo, cuánto le costará a usted su casa o su carro, cuándo terminará de pagar su préstamo si hace un pago extra cada año o cuándo terminará de pagar su tarjeta de crédito.

Para responder sus preguntas y resolver los ejemplos presentados, he contado con la gran ayuda de mi amigo de la infancia, Javier Feliu, quien diseñó y programó la página web calcfina.com, en la que se presentan las calculadoras financieras que harán el trabajo matemático para responderle a usted esas preguntas y brindarle las respuestas que busca.

En la primera parte del libro usted hace una radiografía de su situación financiera actual y de las metas que quiere alcanzar. Esto le mostrará claramente dónde está y cuánto le falta para llegar.

En la segunda parte se muestra cómo alcanzar esas metas. No es un libro de cómo ganar dinero, llegar a ser millonario, invertir o hacer negocios, es un libro que explicara de una manera práctica y sencilla algunos aspectos financieros muy importantes y con un objetivo muy claro, beneficiarlo a usted y ayudarlo a que Mejore su $ituación.

Pedro Moreno
Panamá, Julio 2020

Capítulo I. Sueños, libertad, metas e independencia

En este libro se analizarán temas financieros personales y de dinero, pero realmente se busca ayudarlo a tener éxito, alcanzar sus sueños y tener libertad e independencia financiera.

Las metas y sueños de cada uno son diferentes y únicos, nuestros anhelos no son los mismos que los de otras personas y, sin embargo, son esos sueños los que nos impulsan a seguir adelante a pesar de los obstáculos y dificultades que podamos encontrar en nuestro camino.

Quisiera pedirles que reflexionen por un momento y respondan a la siguiente pregunta:

¿Cuáles son las metas más importantes que usted quisiera lograr en su vida?

Muchas veces la primera meta que nos viene a la mente tiene que ver con la profesión o algo relacionado con las finanzas, otras a nivel personal o de relaciones personales y también la salud, lo espiritual o religioso.

En este libro únicamente trataremos las metas que tienen que ver con el dinero, no que sean las metas más importantes, pero es el tema del libro, adicionalmente debemos añadir que el mejorar nuestra situación financiera también puede tener un impacto positivo en todas nuestras otras metas.

Tener nuestras metas claramente definidas y escritas en papel, nos facilita el poder alcanzarlas, ya que si sabemos lo que queremos, también debemos saber para cuándo, y esto nos da una referencia de tiempo para implementar las estrategias necesarias en el marco de tiempo con que disponemos para alcanzar esas metas.

Las personas tienen diferentes metas en la vida, algunas de ellas pueden ser:

Salir de las deudas.

Vivir con mayor tranquilidad y no tener que pensar a cada momento, ¿de dónde va a salir el dinero que necesito para seguir viviendo sin tanta preocupación?

Lograr la independencia financiera, esto es no tener que depender económicamente de un salario sino de los propios medios y entradas personales para cubrir los costos de la vida de cada uno.

Algunas personas confían en los beneficios de programas de jubilación, seguridad social, ayuda del estado, familiares o la suerte, otras personas están contentas y satisfechas con su situación y no les preocupa pensar que pueden perder el trabajo, tener quebrantos de salud, tener que ayudar a familiares necesitados, cubrir gastos educativos de los hijos o que puede llegar el día en que tengan que dejar de trabajar y tener que enfrentar los costos de vida en adelante sin contar con un trabajo.

Son tantas las posibles situaciones que se presentan para las distintas personas que lo mejor para nosotros es plantearnos claramente nuestras metas a corto, mediano y a largo plazo, preferiblemente escritas en un papel y tenerlas siempre a mano para no olvidarlas.

Una de las metas que podemos utilizar para ilustrar como ejemplo en este libro es la jubilación.

Como todas las metas que podamos tener, la jubilación es muy diferente para cada uno, ya sea por el tiempo que nos queda por llegar a la edad de jubilación, si no es que ya la sobrepasamos, las condiciones familiares, laborales, ingresos, gastos y compromisos de cada uno son muy diferentes.

Sin embargo, muchos tenemos en común que algún día tendremos que dejar de trabajar y vivir el resto de nuestras vidas sin recibir el cheque mensual de nuestro trabajo.

En ese momento usualmente dependeremos económicamente del programa de jubilación del Seguro Social, nuestros aportes a los Fondos Privados de Pensión, nuestros ahorros personales y cualquier otra entrada o ingreso que pudiéramos tener.

La pregunta que debemos hacernos es si, al momento de la jubilación y en adelante, por el tiempo que nos toque vivir y tomando en cuenta el inevitable incremento en el costo de la vida con el pasar del tiempo, ¿estos ingresos que tendremos van a ser suficientes para mantener el estilo de vida que deseamos?

Muchas personas se pueden dar cuenta que simplemente no tienen los medios para mantener su nivel de vida actual si dejan de recibir el ingreso mensual del trabajo y saben, o deciden, que tienen que seguir trabajando como una opción para seguir manteniendo su nivel de vida actual.

Otras se preparan con tiempo, para tener ingresos o ahorros que sean suficientes para cubrir sus costos de vida una vez jubilados y tener ingresos propios sin necesidad de tener que seguir trabajando para recibir dicho ingreso.

En otras palabras, se preparan para cuando llegue el momento de la jubilación, o antes, y convertirse en personas financieramente independientes que pagan todos los gastos con sus propios medios sin depender del ingreso por el trabajo.

Para alcanzar este objetivo, debemos hacernos algunas preguntas, y estas serán desarrolladas con mayor detalle en los siguientes capítulos.

¿Cuánto dinero debo tener?
¿Cuánto dinero tengo?
¿Por qué no tengo el dinero que debo tener?
¿Yo qué hago con mi dinero?

Capítulo II.   ¿Cuánto dinero debo tener?

El dinero no lo es todo

- *Puede comprar una cama, pero no el sueño.*
- *Puede comprar un reloj, pero no el tiempo.*
- *Puede comprar un libro, pero no la inteligencia.*
- *Puede comprar una posición, pero no el respeto.*
- *Puede comprar la medicina, pero no la salud.*
- *Puede comprar la sangre, pero no la vida.*

La cantidad de dinero que una persona debe tener de acuerdo a su edad y salario se calcula multiplicando su salario anual por el multiplicador presentado en la siguiente tabla.

Edad	30	35	40	45	50	55	60	65	70	75
x	1.5	2.7	3.5	4.2	5.5	6.3	7.0	8.0	9.0	10.0

Tabla de múltiplos.

Por ejemplo, ¿cuánto debe ser el patrimonio para una persona de 40 años con un salario anual de 30,000?

Para una persona de 40 años, se multiplica 3.5 por el salario anual, de 30,000.00 y debe tener un patrimonio de 105,000.

En el libro The millionaire next door y en la página web de Fidelity se encuentran otras guías similares, no son reglas de oro, ni una obligación tener esa cantidad, simplemente una ayuda para responder la pregunta: ¿Cuánto dinero debo tener?

La pregunta importante, y es el tema del siguiente capítulo:

¿Cuánto dinero tengo?

Capítulo III.   ¿Cuánto dinero tengo? - Patrimonio

Para saber el patrimonio o la cantidad de dinero que una persona tiene, se suman todos los activos de esa persona y luego se le restan los pasivos que tenga.

Los activos son bienes, dinero en el banco, bonos, acciones, plazo fijo, el valor de terrenos, casas, fincas o propiedades; también el valor de los autos, joyas, obras de arte y cualquier otro bien que tenga un valor monetario que se puede establecer.
Los activos suman dinero a nuestro patrimonio.

Los pasivos o deudas son las obligaciones que tenemos por pagar, como por ejemplo un préstamo personal, de auto, hipotecario, préstamo educativo, impuestos por pagar y deuda a la tarjeta de crédito son algunos ejemplos de pasivos.
Los pasivos restan dinero de nuestro patrimonio.

Una vez que tengamos el valor de nuestros activos y de nuestros pasivos los comparamos para determinar cuál es mayor, si nuestros bienes o nuestras deudas; si los activos son mayores que los pasivos nuestro patrimonio es positivo y si tenemos más deudas que bienes entonces nuestro patrimonio es negativo y nos encontramos ante un problema.

El simple hecho de saber su patrimonio actualmente, y si este es positivo o negativo, es un aspecto primordial para determinar y mejorar la salud financiera de cada persona.

Si usted no lo ha hecho, le pedimos encarecidamente hacerlo, para esto tendrá que evaluar en su justo valor todos sus bienes y también apreciar la totalidad de sus deudas. Seguidamente se proporciona un formulario para facilitar la tarea.

El patrimonio personal debe ser medido cada año para poder determinar si el mismo está aumentando, se mantiene igual o disminuye, por supuesto que lo mejor es que aumente cada año, pero, ¿cómo saber si nuestro patrimonio aumentó o disminuyó con respecto al año anterior, o hace cinco años, si no lo medimos?

Si uno no sabe dónde está, ¿cómo puede llegar a alguna parte?

Hay personas que nunca se deciden a dar este primer paso y sienten incertidumbre al no saber exactamente ni cuánto tienen, ni cuánto deben, si les va a alcanzar o no para llegar a sus metas y se sienten sin control del dinero en su vida y que más bien el dinero en cierta manera los controla a ellos.

El formulario de patrimonio se usa para determinar la cantidad de dinero que una persona posee o debe a otros y es simplemente una de las herramientas más poderosas que usted tiene para empezar o seguir mejorando su situación financiera.

Esto es un análisis de la situación financiera de cada uno de nosotros y debemos ser honestos con nosotros mismos, sobreestimar nuestros bienes o minimizar nuestras deudas es engañarnos y no podremos conocer realmente nuestro verdadero patrimonio.

Los invito para que en privacidad se auto examinen, que guarden ese primer análisis para poder compararlo con otros análisis futuros y se vean en el espejo, este es el primer paso para tomar el control de nuestras finanzas y alcanzar las metas propuestas.

El formulario a continuación no está completo ni es igual para cada persona, cada persona se debe sentir libre de añadir, quitar o sustituir los diferentes activos o pasivos que no son reflejados en su vida personal para que la información presentada sea un reflejo real de la situación patrimonial de cada persona.

El resultado final debe indicarle su patrimonio actual, y de esta manera, responde la pregunta:

¿Cuánto dinero tengo?

También se encuentra la respuesta a otra pregunta muy importante:

¿Cuánto dinero debo?

HOJA DE PATRIMONIO PERSONAL

FECHA: ____ de _____, _____

ACTIVOS   valor

Efectivo	_____ $	interés generado _____%
Cuenta de ahorro	_____ $	interés generado _____%
Cuenta corriente	_____ $	interés generado _____%
Cooperativa	_____ $	interés generado _____%
Fondo de Jubilación	_____ $	interés generado _____%
Inversiones	_____ $	interés generado _____%
Terrenos	_____ $	interés generado _____%
Fincas	_____ $	interés generado _____%
Casa principal	_____ $	
Casa de playa/campo	_____ $	
Apartamento	_____ $	
Auto 1	_____ $	
Auto 2	_____ $	
Otros Activos	_____ $	interés generado _____%
Otros Activos	_____ $	interés generado _____%

TOTAL de ACTIVOS (A)   _____ $

PASIVOS   deuda por pagar   interés nominal y real en %

Tarjeta de crédito 1	_____ $	interés cobrado ____, ____ %
Tarjeta de crédito 2	_____ $	interés cobrado ____, ____ %
Préstamo personal	_____ $	interés cobrado ____, ____ %
Préstamo Auto 1	_____ $	interés cobrado ____, ____ %
Hipoteca de casa	_____ $	interés cobrado ____, ____ %
Hipoteca de finca	_____ $	interés cobrado ____, ____ %
Hipoteca apartamento	_____ $	interés cobrado ____, ____ %
Préstamo Educativo	_____ $	interés cobrado ____, ____ %
Préstamo 1	_____ $	interés cobrado ____, ____ %

TOTAL de PASIVOS (P)   _____ $

CAPITAL o PATRIMONIO (A-P)   _____ $

Capítulo IV.   ¿Por qué no tengo el dinero que debo tener?

Si usted no aprende a ganar dinero mientras duerme, va a trabajar hasta que muera.
Warren Buffett.

Cuando comparamos lo que debemos tener, con lo que realmente tenemos muchas veces tenemos menos de lo que debemos, o quisiéramos tener, y debemos preguntarnos: ¿por qué?

Esta pregunta solamente la puede responder cada uno de nosotros, pero muchas veces no tenemos lo que debemos tener porque simplemente gastamos más de lo que ganamos, no maximizamos el potencial de nuestro dinero para conseguir más dinero y pagamos altos intereses por pedir prestado, y así, no se puede ni aumentar el patrimonio, ni alcanzar nuestras metas.

Para responder a la pregunta, ¿Por qué no tengo el dinero que debo tener?, primero tenemos que responder otra pregunta:
¿Yo qué hago con mi dinero?

Algunas personas afirman que en la escuela nunca les enseñaron sobre el dinero, podemos echarle la culpa a la sociedad por ser tan consumista, al esposo, a la esposa, a los hijos, al gobierno, al alto costo de la vida, al bajo salario que ganamos o hasta a la mala suerte.

Para alcanzar nuestras metas y sueños tenemos que tomar el control de nuestro destino y finanzas personales, nunca es tarde para empezar, ahora sabemos que nuestra educación y situación financiera es nuestra responsabilidad, si nosotros no lo hacemos, nadie lo va a hacer por nosotros.

Tenemos que pensar de manera objetiva y tener una actitud positiva que nos lleve a alcanzar nuestras metas, en materia de dinero muchas veces decimos que los que han alcanzado esas metas son los ricos y los que no las hemos alcanzado somos pobres.

Decimos que los ricos han alcanzado sus metas porque tienen mucho dinero y así cualquiera pudiera alcanzarlas, ser feliz y hacer todo lo que se quiera.

Lo cierto es que una persona rica no es la que tiene gran cantidad de dinero y que una pobre es la que no tiene dinero, la diferencia entre el rico y el pobre está en la manera de pensar y actuar, no en cuánto dinero se tiene.

Algunas diferencias entre las personas ricas y pobres, recordando que los términos no se refieren a tener o no riqueza material, si no, más bien a nuestra propia disposición mental.

Los ricos piensan en su patrimonio, los pobres en su salario.

Los ricos gastan dinero proveniente de sus inversiones, los pobres ahorran su salario para gastar.

Los ricos aprenden sobre finanzas y crecen, los pobres ya lo saben todo.

Los ricos muchas veces actúan y se visten como pobres, los pobres como si fueran ricos.

Los ricos tiene varias fuentes de ingresos, los pobres solamente tiene una fuente de ingreso, su empleo.

Los ricos ponen a trabajar muy duro su dinero para conseguir más dinero, los pobres trabajan muy duro para conseguir dinero.

Para poder llegar donde queremos, debemos tener la actitud mental correcta y estar comprometidos con nuestras metas, si no, esas metas serán solamente deseos y sueños.

Recordemos que algunas personas tienen más dinero del que quisieran o necesitan, pero indistintamente de la cantidad de dinero que una persona tenga o no, el simple hecho de tener salud, familiares, amigos y felicidad nos debe hacer sentir a todos como las personas más ricas del mundo.

Para responder la pregunta anterior, ¿yo qué hago con mi dinero?, hay que poder saber cuánto gastamos y en qué, nuestro dinero.

Para saber esto, simplemente hay que apuntar todos los gastos que se tengan y al final de un mes, o un año, se podrá saber a ciencia cierta, que hicimos con nuestro dinero.

A continuación se presenta un formulario para determinar lo que hacemos con nuestro dinero, este formulario tiene dos columnas, en una, se apuntan todos los ingresos y en la otra, los gastos.

En cada columna hay diferentes renglones o categorías que pueden ser removidos, ignorados o cambiados por otros que reflejen nuestras actividades y representen mejor lo que cada uno de nosotros hacemos con nuestro dinero.

Al final de un mes, básicamente deberíamos poder observar si nuestros gastos fueron mayores que los ingresos y podremos responder a la pregunta: ¿yo qué hago con mi dinero?

Formulario de ingresos y gastos personales.

Ingresos		Gastos		
Ingresos	Ahorro	Empleados	Seguros	
1.1 Salario	1.1 A cuenta de	7.1 Salarios	14.1 Vida	
1.2 Bono	ahorro	7.2 Prestaciones	14.2 Médico	
1.3 Sobre tiempo	1.2 A cuenta	7.3 Total	14.3 Auto	
1.4 Otros	corriente		14.4 Otros seguros	
1.5 Total	1.3 A cooperativa	Impuestos	14.5 Total	
	1.4 A inversión	8.1 S. educativo		
Ingresos varios	1.5 Otros	8.2 Sobre la renta	Utilidades	
2.1 Intereses	1.6 Total	8.3 Seguro social	15.1 Electricidad	
2.2 De préstamos		8.4 De inmueble	15.2 Agua	
2.3 Regalos	Cargos fijos	8.5 Total	15.3 Teléfono	
2.4 Otros	2.1 Membresía		15.4 Celular	
2.5 Total	2.2 Cargo bancario	Médicos	15.5 Gas	
	2.3 Otros	9.1 Hospital	15.6 Correo	
Total	2.4 Total	9.2 Medicinas	15.7 Total	
3.1 Total de		9.3 Dentista		
ingresos	Carro	9.4 Total	Préstamos	
	3.1 Letra		16.1 Personales	
	3.2 Mantenimiento	Personales	16.2 Tarjeta de crédito	
	3.3 Gasolina	10.1 Gastos de el		
	3.4 Placa / Revisado	10.2 Gastos de ella	Total de gastos	
	3.5 Total	10.3 Total	17.1 Total de gastos	
	Casa	Recreación		
	4.1 Letra	11.1 Cable TV		
	4.2 Jardinero	11.2 Internet		
	4.3 Fumigación	11.3 Cine		
	4.4 Seguridad	11.4 Vacaciones		
	4.5 Mantenimiento	11.5 Total		
	4.6 Total			
		Regalos		
	Alimentos	12.1 De cumpleaños		
	5.1 Supermercado	12.2 De navidad		
	5.2 Frutería	12.3 De boda		
	5.3 Restaurantes	12.4 Total		
	5.4 Total			
		Donaciones		
	Educación	13.1 Teletón		
	6.1 Préstamos	13.2 Nutre Hogar		
	6.2 Escuela	13.3 Casa Esperanza		
	6.3 Bus	13.4 Total		
	6.4 Libros		**Balance Final**	
	6.5 Total			
			3.1 **Total de ingresos**	
			-17.1 **Total de gastos**	

Este formulario, para que funcione, debe ser completado con honestidad por todas las personas que pueden gastar los ingresos obtenidos, de otra manera, no se puede saber en lo que se gasta el dinero.

Mostrará los renglones o departamentos en los que se gasta la mayoría del dinero y esto nos puede ayudar a planificar mejor nuestros gastos.

También podremos ver la suma mensual dedicada a pagar nuestras deudas y, si nos parece elevada, podremos tomar correctivos, pero es difícil saber qué correctivos tomar cuando no podemos determinar cuánto gastamos en pagar nuestras deudas y demás gastos o cuánto ahorramos mensualmente.

Esperamos que este formulario le ayude a contestar las preguntas hechas inicialmente:

¿Por qué no tengo el dinero que debo tener?

¿Yo qué hago con mi dinero?

Capítulo V. La jubilación como meta

Las personas que tienen una meta a largo plazo, como la jubilación, deben hacerse la misma pregunta:

¿Cuánto dinero necesito para poder jubilarme?

Esta pregunta nos invita a dar rienda suelta a nuestra imaginación y a primera vista casi todas las personas podemos afirmar muy alegremente, ¡quisiera tener 1 millón de dólares!

Ciertamente todos tenemos distintas necesidades y costos de vida que cubrir, unos más altos o bajos que otros, pero lo relevante es llegar a determinar una cantidad de ingreso mensual con la cual podamos jubilarnos y vivir de acuerdo a nuestros gustos, costumbres o medios sin recibir un sueldo mensual proveniente de nuestro empleo.

Para una persona que llega a la edad de jubilación con la hipoteca de su vivienda cancelada, sin préstamos educativos o universitarios, que no tiene préstamos personales, de auto o deuda con la tarjeta de crédito, en fin, si llegamos a la edad de jubilación y no tuviéramos deudas que pagar, debemos preguntarnos:

¿Cuánto dinero necesito mensualmente para vivir?

Esta es una pregunta muy importante a responder, ya que de una manera u otra nos enfrenta a evaluar nuestras necesidades y llegar a una cantidad con la que realmente podamos vivir actualmente o en nuestra jubilación.

Si tenemos deudas que pagar, se puede responder la misma pregunta, pero en dos partes,

¿Cuánto dinero necesito para pagar todas mis deudas?
¿Cuánto dinero necesito mensualmente para vivir?

Estas preguntas nos ayudan a evaluar objetivamente nuestra situación y es un buen punto de partida para conocer las cantidades necesarias para alcanzar la independencia financiera o poder vivir dignamente durante la jubilación.

La pregunta, ¿cuánto dinero necesito para pagar todas mis deudas?, ya debió haber sido respondida con la hoja de patrimonio personal cuando sumamos el total de deudas.

La respuesta a la pregunta ¿cuánto dinero necesito mensualmente para vivir? la encontraremos en el formulario de ingresos y gastos personales presentado anteriormente.

Luego de detallar cuidadosamente durante meses o años todos los ingresos y gastos incurridos, seguramente tendremos un estimado muy cercano a la realidad de cuánto nos cuesta vivir durante un año.

Una vez determinemos la cantidad de dinero necesario mensualmente para vivir, podemos calcular la cantidad de dinero necesario para producir esos rendimientos indefinidamente.

A manera de ejemplo, si una persona tiene un costo de vida anual de 20,000 dólares y tiene 400,000 dólares en una cuenta ganando 5 % de interés, recibiría anualmente 20,000 dólares, lo mismo que su costo de vida.

Estos 400,000 dólares serian la respuesta a la pregunta inicial, ¿cuánto dinero necesito para poder jubilarme?

Tenemos que indicar claramente, que para recibir 20,000 dólares anualmente no necesariamente se necesitan tener 400,000 dólares, esto depende de la tasa de interés que usted puede conseguir con su dinero, con un rendimiento de 20 %, se necesitan 100,000 dólares para generar 20,000 dólares anualmente.

El punto principal de este breve capitulo es ayudarlo a usted a determinar la cantidad de dinero con la que usted puede generar lo mismo que su costo de vida anual.

Por el momento, y a manera de ilustración, tomaremos 400,000 como la cantidad de dinero que queremos llegar a tener para el momento de la jubilación.

Habiendo encontrado este valor, y asumiendo que su patrimonio actualmente es de 10,000 dólares, podemos ver una gráfica de dónde estamos y a dónde queremos llegar.

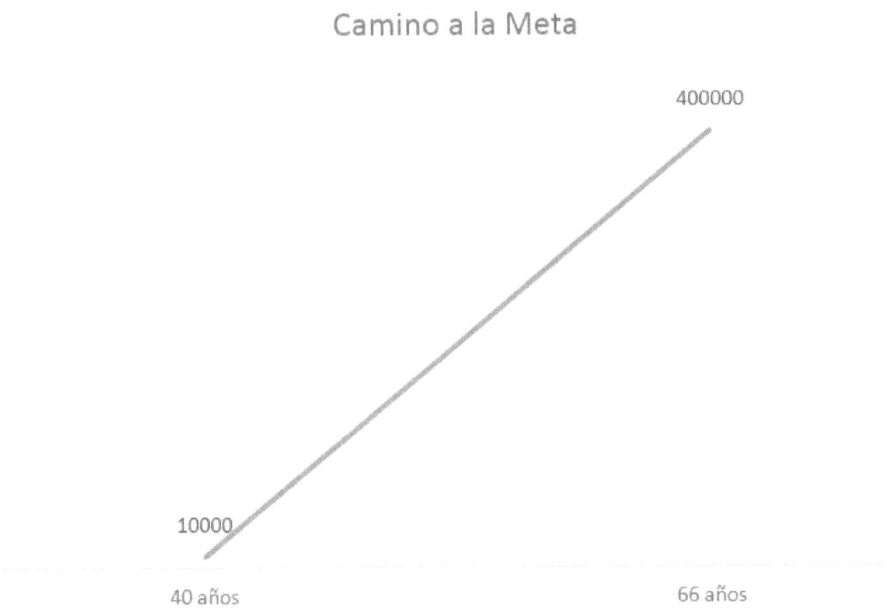

Camino a la Meta.

El camino a la meta financiera que tenemos, la jubilación o cualquier otra, se puede visualizar como esta línea inclinada.
En un extremo, nuestra situación actual, y en el otro extremo, la meta a la que queremos llegar en cierta cantidad de tiempo.

Nuestra situación actual está indicada por nuestra edad y nuestro patrimonio.
En la hoja de patrimonio personal presentada anteriormente, se hizo la siguiente pregunta:
¿Cuánto dinero tengo?
La respuesta escogida arbitrariamente para ilustrar este ejemplo, será, 10,000 dólares.

La meta a la que queremos llegar en cierta cantidad de tiempo, es indicada por la cantidad de dinero a tener en un tiempo futuro, en este caso, 400,000 dólares dentro de 26 años.

De esta manera podemos determinar la cantidad de tiempo (26 años), que nadie tiene garantizado, y dinero (390,000 dólares) que nos separan de nuestra meta y planificar la mejor manera para alcanzarla.

Al definir claramente dónde estamos y dónde queremos llegar, tenemos cuatro maneras normalmente usadas para subir esa escala y aumentar nuestro patrimonio hasta alcanzar nuestra meta.

1) Aumentando los ingresos.
2) Aumentando los activos productivos.
3) Disminuyendo las deudas.
4) Disminuyendo los gastos.

La manera más sencilla de visualizar el subir en esa escala es aumentando los ingresos, es fácil pensar que si ganamos más, tendríamos más.

Para aumentar los ingresos y ganar más, se puede cobrar más por el mismo trabajo que realizamos o también trabajar más por más dinero, pero debemos recordar que tenemos límites, y cada día tiene 24 horas, una persona puede trabajar más tiempo para ganar más dinero pero nunca podrá trabajar más de 24 horas al día.

La segunda manera de aumentar nuestro patrimonio es aumentando nuestros activos productivos, esto son activos que nos producen dinero o ingresos; podemos citar como ejemplo diferentes tipos de inversiones, tener acciones o fondos mutuos en la bolsa de valores, tener ingresos por alquiler de alguna propiedad inmobiliaria o de tierra, así como también ingresos por un negocio rentable.

Los activos productivos generan dinero con un menor esfuerzo de nuestra parte y pueden aumentar el patrimonio de una manera exponencial, tomemos como ejemplo una persona que es dueña de un bus de pasajeros y su trabajo es manejarlo, el bus es su activo productivo y cada hora que trabaja manejando gana un dólar, esta persona solamente puede ganar un máximo de 24 dólares al día.

Si esta persona aumenta sus activos productivos y llega a tener 10 buses, su ingreso diario pudiera ser 240 dólares, esto no significa que trabajó diez veces más duro o más tiempo, significa que sus activos productivos trabajaron para él y bien pudiera tener muchos más buses o activos productivos que le produzcan dinero. Esto dependerá de su visión, esfuerzo y mentalidad.

Aquí se entra al mundo de los negocios y las inversiones, estas no tienen que ser complicadas ni negocios multimillonarios, pero para subir en la escalera y llegar a nuestra meta, definitivamente, aumentar los activos productivos es la manera más rápida y eficiente.

Los gastos son simplemente usar el dinero en comprar mercancía, productos o servicios, si disminuimos nuestro nivel de gasto, automáticamente nos quedamos con una mayor cantidad de nuestro ingreso.

Las deudas se producen, cuando se pide dinero prestado y pagamos intereses por el mismo.

Una de las maneras más comunes y efectivas para mejorar nuestra situación financiera es disminuir o eliminar deudas.

El disminuir nuestros gastos y deudas nos permite disponer de mayor cantidad de dinero proveniente de nuestros ingresos y usarlo para pagar otras deudas, estas, a medida que vayan siendo pagadas y eliminadas, nos pudieran dejar con aún más dinero disponible para otras cosas como el ahorro y la inversión en activos productivos.

Tenemos que decir que el disminuir o eliminar deudas nos puede ayudar a mejorar nuestra situación, pero puede ser que no tengamos ninguna deuda y aun así estar en el mismo lugar (económicamente) que estamos ahora (pero sin deudas), ya que nuestro patrimonio no necesariamente aumenta solo por el hecho de no tener deudas.

El disminuir los gastos tiene ciertas limitantes, después de todo no se trata de vivir con un dólar al día y no gastarse nada de los que se gana, se trata de reducir o eliminar gastos innecesarios.

Esperamos que usted pueda responder las siguientes preguntas:
¿Cuánto le cuesta vivir anualmente?
¿Qué cantidad de dinero le genera esa cantidad?

Capítulo VI. Tres estrategias para alcanzar nuestras metas

Si usted no construye sus sueños, alguien mas lo contratará para que construya el de ellos.

Tony Gaskin.

A continuación se muestran tres métodos, o estrategias diferentes, comúnmente usadas para aumentar el patrimonio personal y los efectos de cada estrategia.

La estrategia ofensiva consiste en ganar más, haciendo que nuestro dinero trabaje duro para conseguir más dinero, aumentar los ingresos y activos productivos pero manteniendo el mismo nivel de gasto.

La estrategia defensiva consiste en gastar menos, en disminuir los gastos y deudas, manteniendo el mismo ingreso.

Y la estrategia mixta, que involucra una combinación de aumentar los ingresos y disminuir los gastos y deudas para aumentar el patrimonio.

Las personas algunas veces prefieren principalmente una de estas tres estrategias pero es importante comprender el efecto de cada una de ellas para poder aplicar la mejor a su situación personal.

A continuación se muestra, de una manera exagerada, la situación financiera de una persona imaginaria para apreciar mejor los efectos que producen cada una de las diferentes estrategias.

La persona en este ejemplo tiene ingresos por 30,000 anuales y tiene gastos totales por 25,000 anuales, ahorra anualmente 5,000 de su salario y su meta es llegar a tener una cantidad de dinero que al generar 5% le cubra todos sus gastos anuales.

Esta persona necesita 25,000 anualmente para vivir su vida normalmente y si tuviera 500,000 dólares en un plazo fijo al 5.0 %, este le generaría 25,000 dólares anuales.

Para llegar a tener ese plazo fijo de 500,000 dólares ahorrando 5,000 dólares anualmente al 5.0 %, se necesitan 36.0 años.

24

Esta cantidad de tiempo se encuentra usando una de las calculadoras financieras presentadas. Más adelante se verá con mayor detalle la manera de encontrar esos 36.0 años.

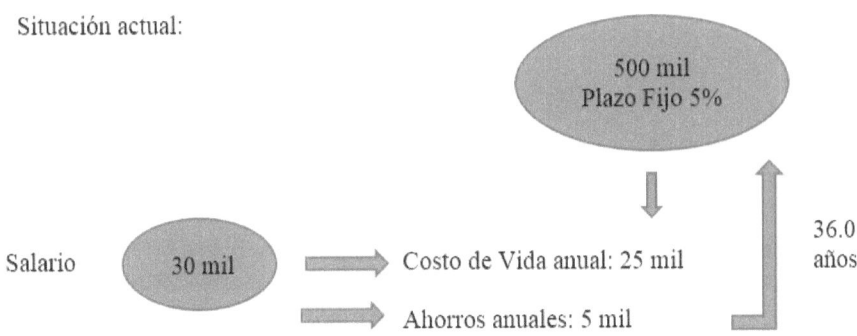

Situación actual:

Viendo que no se tienen 36.0 años para llegar a su meta, decide analizar las tres estrategias para ver de qué manera llega lo más rápido posible a la meta, que es tener ingresos propios que le cubran sus gastos anuales o lo que le cuesta vivir cada año, 25 mil dólares.

A continuación se muestra el efecto que produce cada una de estas estrategias.

Estrategia ofensiva.
Para llegar a tener ese plazo fijo de 500,000 usando la estrategia ofensiva, se aumentan los ingresos en 5,000 anualmente y entonces se ahorran 10,000 anualmente, ya que los ingresos pasaron de 30 mil a 35 mil pero los gastos, o costo de vida, se mantienen en 25 mil.

Tenemos que para llegar a tener 500,000 dólares ahorrando 10,000 dólares anualmente, al 5.0 %, se necesitan 25 años.

Estrategia ofensiva:

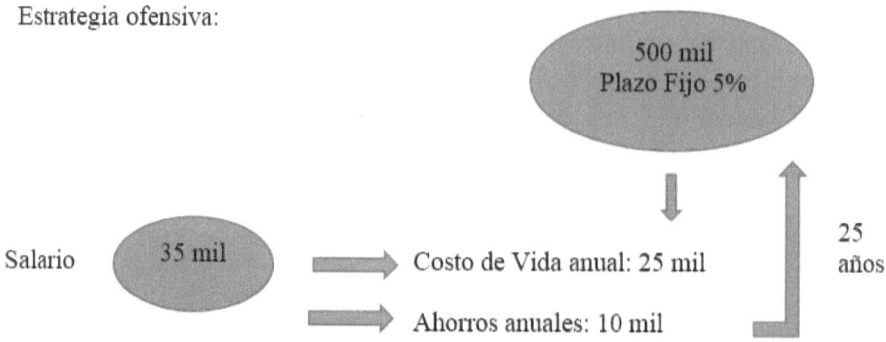

Estrategia defensiva.

Esta persona necesita 25,000 anualmente para vivir su vida normalmente y si disminuye su costo de vida anual, de 25 mil a 20 mil, vemos que si tuviera 400,000 (en vez de los 500,000 que necesita si gasta 25 mil anualmente) en un plazo fijo o inversión al 5 %, este le generaría los 20,000 anuales que ahora necesita para vivir normalmente.

Para llegar a tener ese plazo fijo de 400,000 ahorrando 10,000 anualmente ya que sus ingresos se mantienen en 30 mil pero los gastos bajaron a 20 mil, se necesitan 22 años.

Esta estrategia tiene un doble beneficio, por un lado se necesita menos para vivir y por otra parte, se ahorra más de los ingresos.

Estrategia defensiva:

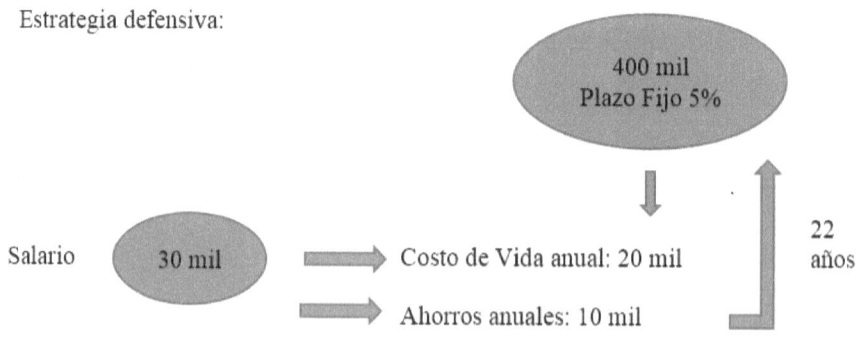

Estrategia mixta.
Esta persona que gana 30 mil, ahorra 5 mil y necesita 25,000 anualmente para vivir su vida normalmente decide implementar la estrategia mixta y disminuye su nivel de gasto y endeudamiento de 25 mil a 20 mil pero también aumenta sus ingresos de 30 mil a 35 mil, anualmente.

Vemos que su costo de vida anual es ahora de 20 mil, y si tuviera 400,000 en un plazo fijo o inversión al 5%, este le generaría los 20,000 anualmente.

Para llegar a tener ese plazo fijo de 400,000 dólares ahorrando 15,000 anualmente (ya que gana 35 mil pero gasta 20 mil), se necesitan 17.0 años para llegar a su meta.

Estrategia mixta:

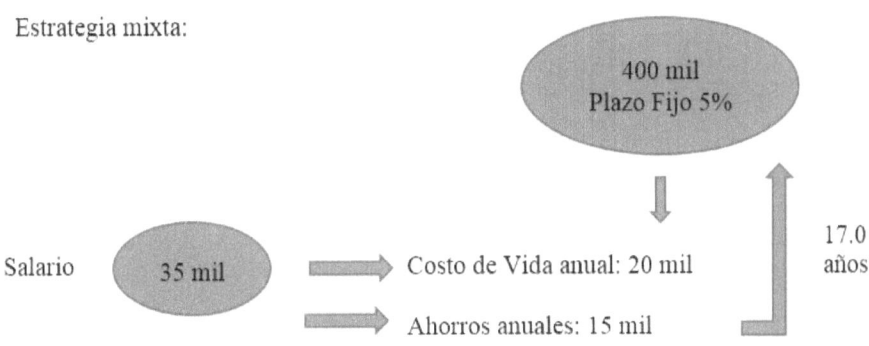

Vemos que si no se hacen cambios en lo situación original, tomará 36.0 años ahorrar 500,000 dólares para que estos generen 25 mil al año.

Si aumenta sus ingresos en 5,000 pero mantiene su nivel de gasto, le tomará 25 años.

Si disminuye sus gastos y deudas por 5,000 pero manteniendo su nivel de ingreso, le tomará 22.0 años.

Si hace una combinación de ambas estrategias, aumentar los ingresos y disminuir los gastos, le tomará 17.0 años para que sus dineros generen la misma cantidad que sus gastos.

	Años	Para ahorrar	Y generen anualmente
Sin estrategia	36.0	500,000	25,000
Ofensiva	25.0	500,000	25,000
Defensiva	22.0	400,000	20,000
Mixta	17.0	400,000	20,000

Resumen de estrategias.

Hay que recordar que una persona solamente puede ahorrar, como máximo, la cantidad que gana, digamos que el salario anual es de 30 mil, no se puede ahorrar más de eso, sin embargo la cantidad de dinero extra que podemos generar mediante inversiones o activos productivos no tiene límite, se puede ganar 30 mil, 60 mil o más, independientemente del salario de cada uno de nosotros.

Se puede aumentar el patrimonio ahorrando, invirtiendo o gastando menos, y hemos visto que invertir en activos productivos es más eficiente, pero no por eso se deben descuidar la importancia de controlar los gastos.

Para alcanzar nuestra meta lo mejor es usar una estrategia mixta y donde la mayoría de nuestros ingresos provengan de nuestros activos productivos, no de nuestro empleo.

Capítulo VII. Análisis del Patrimonio

A continuación se presenta el patrimonio ficticio de una persona al final de los años 2016 y 2017 para analizarlos y hacer ciertas preguntas, las cuales esperamos, usted también pueda responder, pero de acuerdo a su situación personal.

	Año 2016	Año 2017
Efectivo y banco	1,000	2,000
Inversiones	0	1,000
Casa	85,000	87,000
Otros	0	1,000
Auto	12,000	10,000
Total de Activos:	98,000	101,000
Préstamo personal	3,000	2,000
Deudas en mueblería	4,000	2,000
Deudas a auto	10,000	7,000
Deudas en casa	77,000	76,000
Tarjeta de crédito	5,000	3,000
Total de deudas:	99,000	90,000
Patrimonio:	-1,000	11,000

Tabla de Patrimonio (ficticia).

Lo primero que salta a la vista es que esta persona pasó de estar endeudada por mil dólares a tener un patrimonio de 11 mil.

Su patrimonio aumentó 12 mil dólares en un año.

Esto nos lleva a preguntarle a usted querido lector, las siguientes preguntas:

¿Su patrimonio actualmente, es positivo o negativo?

¿Cuánto aumentó su patrimonio el último año?

¿Es su patrimonio superior o inferior a lo estimado para una persona con su edad y salario?

El aumento en el patrimonio sucedió principalmente debido a que las deudas disminuyeron de 99 a 90 mil dólares y que los activos aumentaron de 98 a 101 mil dólares.

Los activos pueden aumentar de varias maneras, vemos que el efectivo y banco aumentó, esto pudo haber sido porque la persona ahorró o gastó menos durante ese año, también vemos que el valor de la casa aumentó dos mil dólares, esto es un bien que se aprecia o sube de valor sin tener que depositarle dinero, es un bien que aumenta nuestro patrimonio sin nosotros tener que hacer nada (activo productivo), también vemos que el auto es un activo que tenemos pero que se deprecia, que pierde valor con el paso del tiempo, además de ser un activo no productivo, y debemos recordar que este tipo de activo no ayuda a incrementar nuestro patrimonio, sino que lo disminuye.

Es un buen momento para ver nuestra propia hoja de patrimonio y analizar la clase de activos que poseemos, si son activos productivos, activos que suben de valor con el paso del tiempo, o son activos no productivos y que disminuyen de valor con el tiempo ya que esto es fundamental para incrementar el patrimonio.

Vemos que las deudas han ido disminuyendo y esto es un ejemplo hipotético pero debe ser el norte de las personas que quieren aumentar su patrimonio.

Siguiendo con el análisis, el patrimonio de esta persona, al final del 2017, es de 11 mil dólares con un salario de 30,000 anuales, tenemos que el salario es como 3 veces mayor al patrimonio, pero esto es solamente un ejemplo, la pregunta que realmente debemos hacer es la siguiente:

¿Qué es mayor para usted, su patrimonio o su salario anual?

La hoja de patrimonio nos indica claramente el total de deudas que tenemos, 90,000 dólares, y esto lo podemos comparar contra nuestros ingresos y patrimonio.

Tenemos tres veces más deuda que salario y tres veces más salario que patrimonio.

Para ilustrar lo mencionado anteriormente, presentamos la siguiente gráfica:

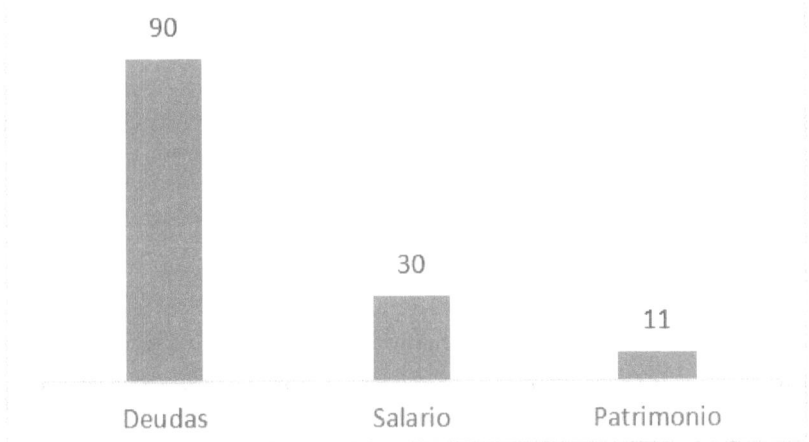

Deudas – Salario – Patrimonio (en miles).

Las personas ricas tienen en promedio un ingreso que es aproximadamente 7 % del patrimonio que poseen.

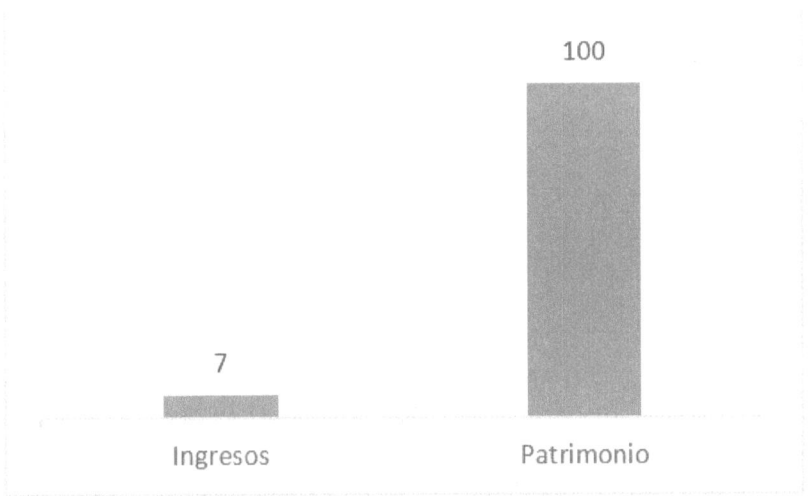

Ingreso – Patrimonio (en porcentaje).

El punto es crear la inquietud y que usted mismo se pregunte:

¿Cuánto de su ingreso anual proviene de su salario y cuánto proviene de sus inversiones?

¿Cuánto de su ingreso anual usted ahorra o invierte?

Si esta persona fuera a jubilarse y vivir con ingresos provenientes de sus ahorros o inversiones, debe poder responder las siguientes preguntas:

¿Cuánto dinero se requiere tener ahorrado o invertido para generar una cantidad igual a su costo de vida?

¿Cuánto tiempo demoraría usted en conseguir esa cantidad?

El nivel de riqueza de una persona se puede medir en dinero, 11,000 dólares, pero también se puede medir en tiempo. Esto quiere decir, de acuerdo a nuestro costo de vida, la cantidad de tiempo que podemos vivir de nuestro patrimonio sin trabajar.

Para la persona de nuestro ejemplo, asumiendo que se gasta todo su salario, el costo anual de vida es 30,000 y con un patrimonio de 11,000 dólares, el nivel de riqueza en tiempo para esta persona es menos de cuatro meses.

Para otra persona, con un costo de vida anual de 11,000 dólares, vemos que el nivel de riqueza en tiempo es de un año aunque el patrimonio de ambos sea igual.

Las preguntas para usted son:
¿Cuánto es su nivel de riqueza en tiempo?
¿Cuánto tiempo puede usted seguir viviendo con el mismo estilo de vida si dejara de trabajar?

Habiendo analizado la situación presentada en el ejemplo y relacionándola con nuestros propios números podemos conocer detalladamente nuestra situación financiera actual, este es uno de los objetivos de este libro y esperamos haberlo logrado.

Capítulo VIII. Matemática del dinero

El objetivo en adelante, es explicar el funcionamiento de algunos conceptos financieros usados a menudo; como interés simple, interés compuesto, letra de un préstamo, tabla de amortización y otros.

Con la ayuda de calculadoras financieras en calcfina.con, ilustraremos con ejemplos prácticos y sencillos algunos aspectos financieros que todos debemos conocer y calcular así el impacto que tienen en nuestras finanzas para poder responder preguntas como las siguientes:

Si 4,000 son depositados en un plazo fijo por 5 años al 7.0% de interés compuesto mensualmente. ¿Cuánto dinero tendremos en 5 años?

Una persona tiene ahorrado 10,000.00 dólares y le añade 200.00 dólares mensualmente, ganando 8.00 % de interés durante 20 años. ¿Cuánto dinero va a tener?

Si queremos pedir un préstamo al banco para comprar un auto o una casa, por ejemplo, y queremos saber cuánto será la letra mensual a pagar por dicho préstamo, podemos usar la calculadora financiera y encontrar la respuesta a esta y otras preguntas antes de ir al banco.

Estas calculadoras son muy útiles, ya que nos permiten efectuar los diferentes cálculos financieros para analizar y ayudarnos a conocer mejor nuestra situación personal.

Debemos aclarar que el objetivo de los ejemplos presentados en este libro son únicamente para ilustrar el punto presentado en el momento.

Además de hacer el cálculo, se busca ayudarlo a que usted pueda encontrar la misma respuesta a la pregunta planteada pero de acuerdo a su propia realidad.

Interés

Una de las palabras más usadas en las finanzas es interés. Se usa tantas veces que al tener esa familiaridad perdemos de vista el significado, por eso recordemos que:

Interés es el precio pagado por el uso de un dinero prestado, usualmente expresado en porcentaje y puede ser simple o compuesto.

Cuando pensamos en interés muchas veces pensamos en lo que nos cobran si pedimos un préstamo o en lo que nos pagan si ahorramos nuestro dinero.
Lo cierto es que en cada transacción hay dos partes, una que presta el dinero y recibe el interés y otra parte que pide el dinero prestado y paga el interés.

Normalmente si nosotros somos los que prestamos, queremos que el interés sea más alto para recibir más dinero, y si somos los que pedimos prestado, queremos que el interés sea más bajo para pagar menos dinero en intereses.

Interés simple

El interés simple es pagado una vez al final del período por el cual se tiene el ahorro. Este interés depende de tres factores: el capital invertido (C), la tasa de interés (I) y el período de tiempo (T).

Ejemplo 1:   Si 4,000.00 dólares son invertidos por 5 años al 7.0 % de interés simple anual. ¿Cuánto interés generarán esos 4,000.00 dólares en 5 años?

Respuesta: En un año 4,000 dólares generarán 280.00 dólares de interés simple (4,000 x 0,07 = 280), en 5 años serán 1,400 dólares de intereses (280 x 5 = 1,400).

Interés compuesto

Se produce cuando el dinero generado como interés se suma al capital y esta nueva cantidad genera más intereses, los cuales, son nuevamente sumados cada período al capital y así sucesivamente por el tiempo determinado.

Los intereses son acreditados por períodos, estos pueden ser:

Anualmente	1 vez al año
Semianualmente	2 veces al año
Cuatrimestralmente	3 veces al año
Trimestralmente	4 veces al año
Mensualmente	12 veces al año
Quincenalmente	24 veces al año
Bisemanalmente	26 veces al año
Diariamente	365 veces al año

Ejemplo 2:   Si 4,000.00 dólares son invertidos por 5 años al 7.0% de interés compuesto mensual. ¿Cuánto dinero tendremos en 5 años?

Calculadora de Ahorros

Resultados	Tabla	Gráficas

Cantidad Inicial	4000
Aporte Regular	0
Frecuencia	Mensual
Tiempo (años)	5
Interés (%)	7

Cantidad Final	5,670.49
Aportes Realizados	4,000
Intereses Ganados	1,670.49

Todos los aportes se hacen:

⦿ Al inicio del período   ○ Al final del período

¿Aportes extraordinarios?

○ Si ⦿ No

Calcular

La calculadora de ahorros en calcfina.com, muestra la respuesta: 5,670.49 dólares.

Usando las mismas cifras de dinero, de años y de interés hay una diferencia de 270.49 entre el interés simple del ejemplo 1 y el interés compuesto del ejemplo 2.

Con este ejemplo se pueden calcular las diferentes cantidades generadas cambiando únicamente el período para calcular intereses, ya sea diariamente, mensualmente, semianualmente y anualmente con las mismas cantidades de dinero (4,000 dólares) e interés (7 %) en 5 años para apreciar las diferencias resultantes por cambiar el período en el cual se acreditan los intereses.

Interés simple	5,400.00
Anualmente	5,610.20
Semianualmente	5,642.40
Mensualmente	5,670.49
Diariamente	5,676.05

Una persona que ahorra 100 dólares durante un año a interés de 12.0 %, si el interés es calculado una vez al año, esta persona recibirá 12.00 dólares al finalizar el año.
Sin embargo, si el interés se calcula mensualmente, esta persona recibirá 12.67 dólares al finalizar el año, siendo esto 12.67 %.

12.0 % es la tasa de interés anual, en inglés es APR (anual percent rate) y 12.67 % es la tasa de rendimiento anual, en inglés es APY (anual percent yield)

Esto quiere decir que el mismo interés pagadero en distintos períodos genera diferentes cantidades de dinero, mientras más seguido sean los períodos mayor será el interés generado (con las otras condiciones en igualdad).

Esto es importante tenerlo en cuenta a la hora de ahorrar, usted debe comparar las distintas alternativas y escoger la que brinde la tasa de rendimiento anual más alta.
De igual manera, a la hora que usted tome un préstamo, le conviene la más baja.

A continuación presentamos un ejemplo para practicar

Ejemplo 3: Una persona debe escoger entre el Banco A y el Banco B para ahorrar su dinero.

El Banco A le abre un plazo fijo con un depósito de 2,500.00 ganando 5.25 % por 8 años, el interés es pagado anualmente.
El Banco B le abre un plazo fijo con un depósito de 2,500.00 ganando 5.10 % por 8 años, el interés es pagado semanalmente.

¿Qué Banco escogería usted?

a) Con el Banco A tendría: 3,764.59

b) Con el Banco B tendría: 3,758.90

calcfina.com

Regla de 72

Una cantidad de dinero se duplica a sí misma dependiendo del interés que gane y el período de tiempo que esté ahorrada.

La regla de 72 sirve para predecir, aproximadamente, pero de una manera rápida, mentalmente y sin necesidad de usar calculadora, el tiempo en el que una cantidad de dinero se va a duplicar.

Simplemente se divide 72 entre el interés y nos da el número de años en que el dinero se duplica; también se puede usar para conocer a que interés se duplicará el dinero en cierta cantidad de años.

Regla de 72
Formula: T = 72 / I

T es tiempo en años.
I es interés en porcentaje.

Ejemplo 4:   Una persona quiere saber en cuántos años se duplicarán sus ahorros que están ganando un interés de 6.0%

Respuesta: T = 72 / I   T = 72 / 6.0%   T = 12 años

Ejemplo 5:   Una persona quiere saber qué interés tienen que ganar sus ahorros para que estos se dupliquen en 8 años.

Respuesta: T = 72 / I   I = 72 / T   I = 72 / 8   I = 9.0%

Ejemplo 6:   Una persona de 20 años abre un plazo fijo de 10,000.00 al 9.0%, ¿cuántos años necesita para tener 20,000.00?

Respuesta: T = 72 / I   T = 72 / 9.0   T = 8 años

Ejemplo 7:   Una persona de 20 años quiere saber: ¿cuánto dinero tendrá a los 60 años de edad si deja 10,000 dólares ahorrados o invertidos por 40 años ganando 9.0% de interés y sin añadir más dinero?

Antes de responder esta pregunta, quisiera pedirle a usted que estime la respuesta mentalmente para luego compararla con el resultado.

La Regla de 72 nos dice que el dinero, al 9.0%, se duplicará cada 8 años, por lo cual, a los 28 años de edad, esta persona tendrá 20 mil a los 36 años tendrá 40 mil, a los 44 años tendrá 80 mil, a los 52 años tendrá 160 mil y a los 60 años tendrá aproximadamente 320,000 dólares.

Para verificar estos números obtenidos usando la Regla de 72, usamos la calculadora de ahorros:

Vemos que estos 314,094.14 son un aproximado bastante cercano a los 320,000 que obtenemos como respuesta usando mentalmente la Regla de 72.

En este ejemplo vemos claramente el poder del interés compuesto en el ahorro ya que únicamente se empezó con la suma de 10,000 dólares. El resto, 304,094.14 dólares, han sido intereses ganados en la cuenta sin hacer aportes adicionales.

Anualidad o plan de ahorro sistemático

Cuando una cantidad fija de dinero se ahorra con la misma regularidad durante un período de tiempo y todos los ahorros generan el mismo interés establecido, se dice que es una anualidad.

La calculadora de ahorros nos puede ayudar en la planificación financiera, ya que muestra la cantidad de dinero que tendremos al final de un período de tiempo, si ahorramos una cantidad constante y con una tasa de interés que no cambia.

Hay que mencionar que se hace la diferencia entre ahorrar al principio del período y al final del período, esto quiere decir que una persona que ahorra 200.00 mensualmente y gana 8.00 % de interés durante 20 años no va a tener la misma cantidad de dinero al final de los 20 años si ahorra los 200.00 al inicio de cada mes, que si ahorra los 200.00 al final de cada mes ya que si los ahorra al principio, al terminar el primer mes recibirá intereses, pero si ahorra al final de cada mes, en el primer mes no recibirá intereses.

Ejemplo 8:   Una persona ahorra 200.00 mensualmente y gana 8.00 % de interés durante 20 años. ¿Cuánto dinero va a tener?
   a) Si ahorra al inicio de cada período.
   b) Si ahorra al final de cada período.
   c) ¿Cuánto dinero será la diferencia?

Calculadora de Ahorros

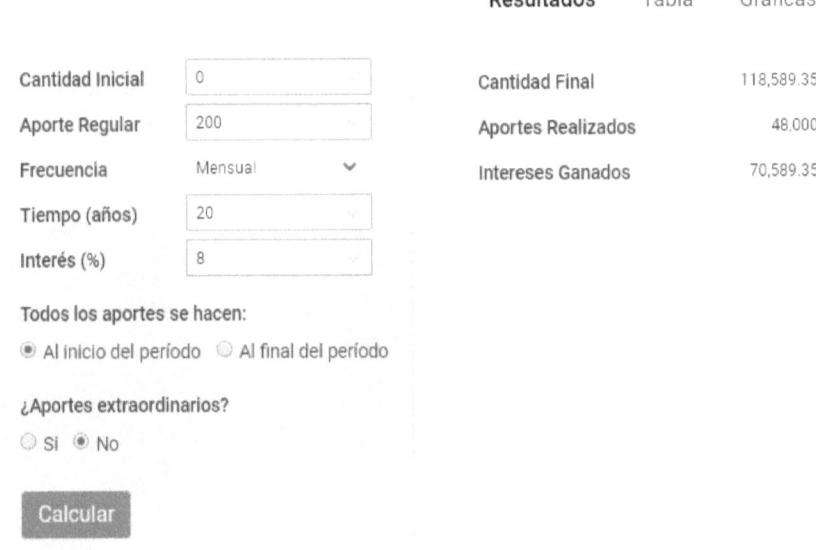

Cantidad Inicial	0
Aporte Regular	200
Frecuencia	Mensual
Tiempo (años)	20
Interés (%)	8

Resultados Tabla Gráficas

Cantidad Final	118,589.35
Aportes Realizados	48,000
Intereses Ganados	70,589.35

Todos los aportes se hacen:

◉ Al inicio del período ○ Al final del período

¿Aportes extraordinarios?

○ Si ◉ No

Calcular

Respuesta a) La persona que ahorra al inicio del período tendrá 118,589.35 dólares, de este total, 48,000.00 fueron los depósitos mensuales realizados y 70,589.35 fueron intereses generados.

Calculadora de Ahorros

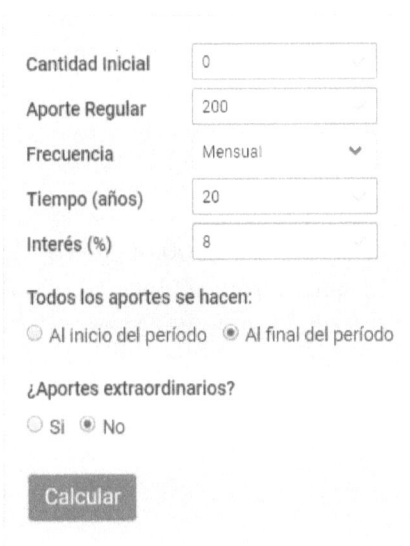

Cantidad Inicial	0
Aporte Regular	200
Frecuencia	Mensual
Tiempo (años)	20
Interés (%)	8

Resultados Tabla Gráficas

Cantidad Final	117,803.99
Aportes Realizados	48,000
Intereses Ganados	69,803.99

Todos los aportes se hacen:

○ Al inicio del período ◉ Al final del período

¿Aportes extraordinarios?

○ Si ◉ No

Calcular

Respuesta b) La persona que ahorra al final del período tendrá 117,803.99 dólares, de este total, 48,000.00 fueron los depósitos mensuales realizados y 69,803.99 fueron intereses generados.

Respuesta c) La diferencia entre ahorrar al inicio o al final del período es de 785.36 dólares (118,589.35 dólares al inicio menos 117,803.99 dólares al final).

Ejemplo 9:   Una persona tiene ahorrado 10,000.00 y le añade 200.00 mensualmente al inicio de cada período, ganando 8.00 % de interés durante 20 años. ¿Cuánto dinero va a tener?

Calculadora de Ahorros

		Resultados	Tabla	Gráficas

Cantidad Inicial	10000		Cantidad Final	167,857.52
Aporte Regular	200		Aportes Realizados	58,000
Frecuencia	Mensual ⌄		Intereses Ganados	109,857.52
Tiempo (años)	20			
Interés (%)	8			

Todos los aportes se hacen:

◉ Al inicio del período   ○ Al final del período

¿Aportes extraordinarios?

○ Si ◉ No

[Calcular]

Respuesta: La persona tendrá 167,857.52 dólares. 48,000.00 fueron los depósitos mensuales realizados que se añadieron a los 10,000.00 originales y 109,857.11 fueron ganados en concepto de intereses.

42

Mostrar por: ⦿ Año ○ Mes ○ Todo

Año	Aporte	Interés	Balance
1	12,400.00	936.59	13,336.59
2	2,400.00	1,213.51	16,950.10
3	2,400.00	1,513.42	20,863.52
4	2,400.00	1,838.24	25,101.76
5	2,400.00	2,190.02	29,691.78
6	2,400.00	2,570.99	34,662.77
7	2,400.00	2,983.60	40,046.37
8	2,400.00	3,430.42	45,876.79
9	2,400.00	3,914.34	52,191.13
10	2,400.00	4,438.41	59,029.54

Año	Aporte	Interés	Balance
11	2,400.00	5,006.01	66,435.55
12	2,400.00	5,620.72	74,456.27
13	2,400.00	6,286.42	83,142.69
14	2,400.00	7,007.38	92,550.07
15	2,400.00	7,788.21	102,738.28
16	2,400.00	8,633.81	113,772.09
17	2,400.00	9,549.60	125,721.69
18	2,400.00	10,541.44	138,663.13
19	2,400.00	11,615.55	152,678.68
20	2,400.00	12,778.84	167,857.52

Tabla que muestra el balance anual y los intereses generados durante los 20 años.

43

Ahorros para llegar a una Meta

La calculadora Ahorros para Lograr Meta, nos muestra la cantidad de dinero que debemos ahorrar para llegar a una cantidad específica, la Meta, en cierto período de tiempo.

Usaremos datos previamente presentados para alcanzar una meta, por lo que, el siguiente ejemplo nos parecerá familiar.

Debemos recordar que en este tipo de ejemplos se toma la tasa de interés y las cantidades ahorradas mensualmente, durante el tiempo especificado, como constantes y sin variación.
En la realidad, la tasa de interés puede no mantenerse constante durante el tiempo especificado o puede ser que no se ahorre todos los meses la misma cantidad y todo esto afectará la respuesta calculada.

Sin embargo, para tener un punto de partida o referencia para encontrar la cantidad a ahorrar para llegar a una meta, usaremos las cantidades como fijas y constantes en el siguiente ejemplo:

Ejemplo 10:   Una persona tiene 10,000.00 dólares y quiere saber, ¿cuánto dinero tiene que ahorrar mensualmente durante 26 años para llegar a tener 400,000 dólares? (asumiendo que todos los dineros siempre ganan 8.50 % de interés pagado mensualmente).

Para obtener esta respuesta se utiliza la calculadora para llegar a metas:

Ahorros para Lograr Meta

Resultados   Tabla   Gráficas

Cantidad Meta	400000
Cantidad Inicial	10000
Frecuencia	Mensual ⌄
Tiempo (años)	26
Interés (%)	8.5

Aporte Regular	270.63
Aportes Realizados	94,436.56
Intereses Ganados	305,561.39
Cantidad Final	399,997.96

Todos los aportes se hacen:

◉ Al inicio del período   ○ Al final del período

[Calcular]

Respuesta: 270.63 dólares mensuales.

Al ver el resultado de lo que tiene que ahorrar durante 26 años, esta persona decide que empezará a ahorrar para su jubilación dentro de 13 años ya que todavía falta mucho tiempo y 270.63 dólares cada mes es demasiado ahora mismo.

Ejemplo 11: Una persona tiene 10,000.00 y quiere saber, ¿cuánto dinero tiene que ahorrar mensualmente durante 13 años para llegar a tener 400,000 dólares? (asumiendo que todos los dineros siempre ganan 8.50% de interés pagado mensualmente).

Antes de responder esta pregunta con la calculadora, quisiera pedirle a usted que estime la respuesta mentalmente para luego compararla con el resultado.

Ahorros para Lograr Meta

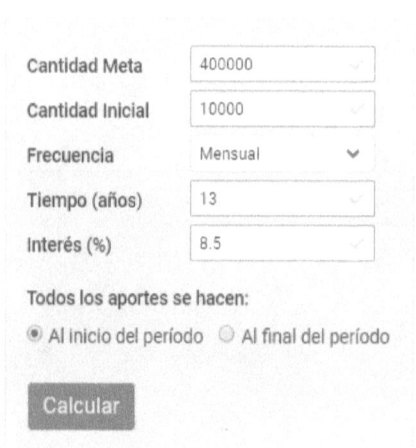

Cantidad Meta	400000
Cantidad Inicial	10000
Frecuencia	Mensual
Tiempo (años)	13
Interés (%)	8.5

Todos los aportes se hacen:
◉ Al inicio del período ○ Al final del período

Calcular

Resultados	Tabla	Gráficas

Aporte Regular	1,296.08
Aportes Realizados	212,188.47
Intereses Ganados	187,810.1
Cantidad Final	399,998.57

Respuesta: Esa persona ahora tendría que ahorrar 1,296.08 dólares mensualmente.

Note que el período en tiempo se redujo a la mitad, de 26 a 13 años, pero la cantidad a ahorrar aumento 4.78 veces, de 270.63 a 1,296.08 dólares mensualmente.

Esta calculadora de ahorros nos responde preguntas como las siguientes:

Ejemplo 12:   ¿Cuánto dinero se tiene que ahorrar mensualmente durante 20 y 40 años ganando un interés de 10.0 % para llegar a tener un millón de dólares?

Respuesta. 1,306.00 dólares durante 20 años y 156.82 dólares durante 40 años.

Tiempo para llegar a una Meta

Para encontrar el tiempo que nos toma llegar a tener una suma de dinero, si ahorramos periódicamente cierta cantidad, usamos la calculadora Tiempo para lograr meta.

Ejemplo 13: Una persona tiene 10,000.00 y quiere saber, ¿en cuánto tiempo llegará a tener 400,000 dólares, si mensualmente ahorra 400.00 y esos dineros siempre ganan 8.50 % de interés pagado mensualmente?

Tiempo para Lograr Meta

Resultados   Tabla   Gráficas

Cantidad Meta	400000
Cantidad Inicial	10000
Aporte Regular	400
Frecuencia	Mensual
Interés (%)	8.5

Número de Aportes	273.00
Tiempo (en años)	22.75
Aportes Realizados	119,200.00
Intereses Ganados	283,224.66
Cantidad Final	402,424.66

Todos los aportes se hacen:

⦿ Al inicio del período   ◯ Al final del período

Calcular

Respuesta: en 273 meses (22 años y 9 meses) se tendrán 402,424.66 dólares.

Recordamos que en el análisis de patrimonio, estrategia defensiva, usamos un ejemplo en el que no se mostró mayores explicaciones de cómo se obtuvo el resultado, que era 22 años.

Para aclarar mejor esta operación, revisamos nuevamente el ejemplo.

"Para llegar a tener ese plazo fijo de 400,000 ahorrando 10,000 anualmente ya que sus ingresos se mantienen en 30 mil pero los gastos bajaron a 20 mil, se necesitan 22 años."

Tiempo para Lograr Meta

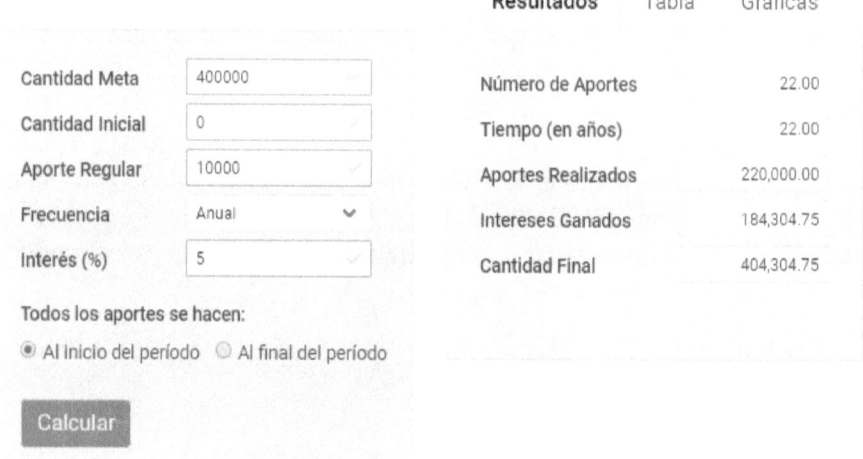

Resultados	Tabla	Gráficas

Cantidad Meta	400000	
Cantidad Inicial	0	
Aporte Regular	10000	
Frecuencia	Anual	
Interés (%)	5	

Todos los aportes se hacen:

◉ Al inicio del período   ○ Al final del período

Calcular

Número de Aportes	22.00
Tiempo (en años)	22.00
Aportes Realizados	220,000.00
Intereses Ganados	184,304.75
Cantidad Final	404,304.75

Respuesta: en 22 años se tendrán 404,304.75 dólares.

Esta es la respuesta presentada en el Análisis del Patrimonio, estrategia defensiva y de igual manera se puede usar la misma calculadora para encontrar las respuestas presentadas en la estrategia ofensiva y la estrategia mixta.

Retiro de ahorros

Analizaremos la manera de hacer ciertos cálculos relacionados con el retiro de dinero ahorrado, para esto utilizaremos otras tres calculadoras de calcfina.com con las que se podrá responder a preguntas como las siguientes:

¿Cuánto dinero se necesita tener para poder retirar 833.33 quincenalmente durante 20 años si estos dineros generan 5.00 % de interés quincenalmente?

¿Cuánto tiempo durarán 253,220.51 dólares, si ganan 5.0 % de interés quincenalmente, y se retiran mil dólares al inicio de cada quincena?

¿Cuánto dinero se puede retirar quincenalmente durante 20 años hasta agotar 180,000 dólares? Recordando que el dinero gana un interés de 5.0 % quincenalmente.

Siguiendo con el ejemplo de la persona que quiere ahorrar 400,000 dólares para recibir 20,000 anualmente en intereses, pero llega un momento en el que se da cuenta que no va a poder ahorrarlos.

Estima que vivirá un máximo de 20 años y pretende gastarse en vida todos sus ahorros, se pregunta lo siguiente:

Ejemplo 14:   ¿Cuánto dinero se necesita tener para poder retirar 20,000.00 al inicio de cada año durante 20 años, si estos dineros generan 5.0 % de interés anualmente?

En este caso estaríamos retirando los intereses generados y también parte del capital inicial ahorrado y esta suma ahorrada irá disminuyendo hasta llegar a cero dólares al final de los 20 años y la cuenta de ahorro quedará sin un centavo.

Fondo para Retiros

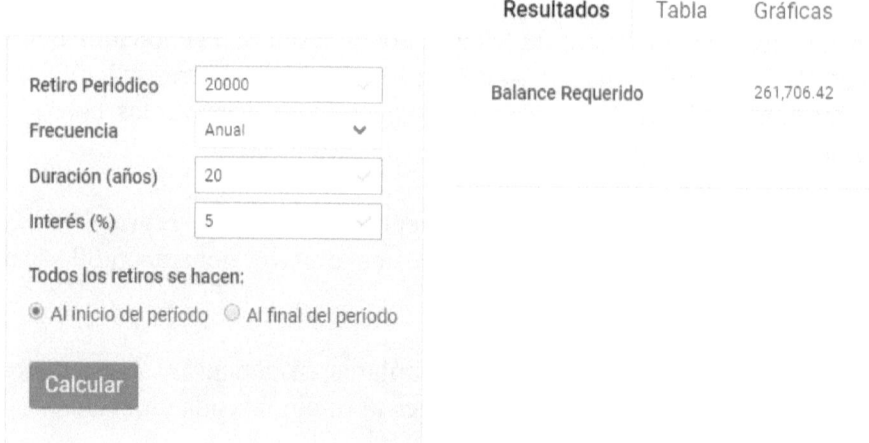

Resultados   Tabla   Gráficas

Retiro Periódico	20000
Frecuencia	Anual
Duración (años)	20
Interés (%)	5

Todos los retiros se hacen:
- ⦿ Al inicio del período   ○ Al final del período

Calcular

Balance Requerido   261,706.42

Respuesta: Se necesitan 261,706.42 dólares

Para simplificar el ejemplo hemos dicho que el dinero genera 20 mil anuales y se retiran únicamente una vez al año. Una persona que se jubila recibiría normalmente sus intereses o dineros cada mes o cada quincena por ejemplo.

Si dividimos 20 mil entre 12 tendremos 1,666.67 a ser retirados mensualmente. Esto lo dividimos entre dos para conocer la cantidad a ser retirada quincenalmente, 833.33 dólares
Ahora veamos cómo cambia la cantidad a tener ahorrada si los retiros son quincenalmente y no una vez al año.

Ejemplo 15: ¿Cuánto dinero se necesita tener para poder retirar 833.33 quincenalmente durante 20 años si estos dineros generan 5.0 % de interés quincenalmente?

Fondo para Retiros

Resultados   Tabla   Gráficas

Retiro Periódico	833.33
Frecuencia	Quincenal ⌄
Duración (años)	20
Interés (%)	5

Balance Requerido   253,220.51

Todos los retiros se hacen:

◉ Al inicio del período   ○ Al final del período

[Calcular]

Respuesta: Se necesitan 253,220.51 dólares

La cantidad a tener ahorrada cambia de 261,706.42 dólares (20 retiros anuales de 20,000) a 253,220.51 dólares (480 retiros quincenales de 833.33) debido al cambio en el número de periodos en los que se hacen los retiros.

Como hemos explicado, 253,220.51 dólares al 5.0 % duran 20 años haciendo retiros periódicos quincenales de 833.33 dólares hasta llegar a cero pero ¿qué pasa si en vez de retirar 833.33 dólares quincenalmente, retiramos mil dólares?

Es aparente que los dineros no van a durar 20 años, sino, menos, la pregunta es:

Ejemplo 16:   Una persona llegó a ahorrar 253,220.51 dólares en un banco que le genera un interés quincenal de 5.0 %, esta persona quiere saber, ¿cuánto tiempo le durarán sus ahorros, si al inicio de cada quincena retira 1,000.00 dólares?

Para encontrar la respuesta a esta pregunta usamos la calculadora de duración de fondos.

Duración de Fondos

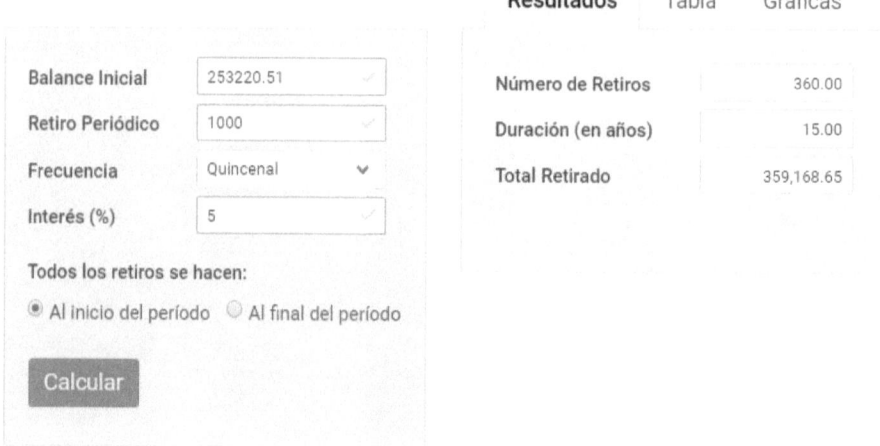

Respuesta: Durarán 360 quincenas (15 años) y en la última quincena, la 360, únicamente se podrá retirar 168.65 y no mil dólares.

Finalmente llegó el día de la jubilación después de haber esperado 26 años, nuestro amigo no llegó a ahorrar ni los 400,000 dólares que planeaba originalmente, ni los 253,220.51 dólares requeridos para poder retirar 833.33 dólares quincenalmente durante 20 años como había planeado.

Nuestro amigo del ejemplo llegó a ahorrar la suma de 180,000 dólares y quiere gastárselo todo en 20 años haciendo retiros cada quincena por la misma cantidad de dinero y se pregunta:

Ejemplo 17: ¿Cuánto dinero se puede retirar quincenalmente durante 20 años hasta agotar 180,000 dólares? Recordando que el dinero gana un interés de 5.0 % quincenalmente.

Retiros para Agotar Fondos

		Resultados	Tabla	Gráficas

Balance Inicial	180000	Retiro Periódico 592.37
Interés (%)	5	
Frecuencia	Quincenal ∨	
Duración (años)	20	

Todos los retiros se hacen:

⦿ Al inicio del período   ◯ Al final del período

Calcular

Respuesta: Se pueden hacer retiros cada quincena por la suma de 592.37 dólares durante 20 años. En la última quincena solamente se podrán retirar 589.59 dólares ya que es todo el dinero que habrá.

Valor Actual y Valor Futuro

El dinero tiene dos valores: el valor actual y el valor futuro.

Para ilustrar esta diferencia, presentamos dos opciones, la primera es recibir un billete de 100 dólares hoy o recibir el mismo billete dentro de 20 años.
¿Qué opción escogería usted?

Intuitivamente comparamos el valor actual contra el valor futuro y escogemos recibir los 100 dólares en efectivo hoy mismo, ya que sabemos que si tomamos el billete hoy, lo podemos depositar en un banco o invertirlo para ganar intereses y dentro de 20 años tendremos más de 100 dólares.

En este caso, claramente el valor actual es mayor al valor futuro. Tenemos que el billete a ser recibido es el mismo, pero el período de tiempo en el cual se recibe, 20 años, tiene un impacto en el valor que le damos al mismo billete de 100 dólares en el futuro.

Ahora presentamos la segunda opción, el escoger recibir un billete de 100 dólares hoy o recibir 250 dólares dentro de 20 años.
¿Qué opción escogería usted?

Valor Futuro

Para calcular el valor futuro que tendrán 100 dólares dentro de 20 años, debemos estimar la tasa de interés a la que aumentará de valor el dinero cada año. Esta tasa puede ser la que nos ofrece el banco por ahorrar el dinero o la tasa a la que nosotros logramos invertir el dinero que tenemos durante ese tiempo.

Para encontrar el valor futuro, de 100 dólares en 20 años, usaremos un interés de 5.0 % anual ya que ese es el estimado que nosotros podemos generar durante 20 años. Otras personas o entidades pueden generar más o menos interés que 5.0 % anual y para esas personas o entidades, los 100 dólares tendrán un valor futuro diferente del que calcularemos a continuación.

Calculadora de Ahorros

Resultados   Tabla   Gráficas

Cantidad Inicial	100
Aporte Regular	
Frecuencia	Anual
Tiempo (años)	20
Interés (%)	5

Cantidad Final	265.36
Aportes Realizados	100.00
Intereses Ganados	165.36

Todos los aportes se hacen:

◉ Al inicio del período   ○ Al final del período

¿Aportes extraordinarios?

○ Si   ◉ No

[Calcular]

Respuesta: 265.36 dólares

Una vez que calculamos el valor futuro, nos damos cuenta que sería mejor escoger recibir los 100 dólares hoy y ahorrarlos durante 20 años al 5.0 % para llegar a tener 265.36 dólares, que recibir 250 dentro de 20 años,

En la siguiente gráfica se muestra la relación entre el valor actual de 100 dólares y el valor futuro, en 20 años, de esa misma cantidad usando un interés de 5.0 %.

Valor Futuro: 265.36 dólares

Valor Actual: 100.00 dólares.   5.0 % y 20 años

De valor actual a valor futuro.

Valor Actual

Hemos visto que para calcular el valor futuro de una cantidad con un valor actual, se toma en cuenta el tiempo y el interés para encontrar el valor que tendrá en el futuro esa cantidad actual.

Para encontrar el valor actual de una cantidad que tendremos en el futuro, se usa el mismo proceso pero a la inversa.
Si se conoce el valor de una cantidad en el futuro y se toma en cuenta el interés que pueda generar esa cantidad de dinero durante ese periodo de tiempo, se puede encontrar el valor que tiene actualmente esa suma que se tendrá en el futuro. Ese es el valor actual.

Una persona tiene un documento oficial en el que se garantiza que dentro de 20 años, ese documento será cambiado por un billete de cien dólares.

¿Cuánto piensa usted que es el valor de ese documento actualmente?, ¿cuánto pagaría usted hoy por ese documento que le garantiza un billete de cien dólares dentro de 20 años?

A primera vista debe ser menos de cien dólares pero para encontrar el valor actual exacto, usamos la calculadora de valor actual en calcfina.com.

Valor Actual

		Resultados	
Cantidad Meta	100	Valor Actual	37.69
Frecuencia	Anual		
Tiempo (años)	20		
Interés (%)	5		

Calcular

Respuesta: 37.69 dólares

Esto quiere decir que 37.69 dólares es el valor actual ya que si 37.69 son invertidos al 5.0 % de interés anual, tendremos 100.00 dólares dentro de 20 años.

En la siguiente gráfica se muestra la relación entre el valor futuro de 100 dólares en 20 años y el valor actual de esa misma cantidad usando un interés de 5.0 %.

Valor Futuro: 100 dólares

5.0 % y 20 años

Valor Actual: 37.69 dólares.

De valor futuro a valor actual.

Inflación

La inflación es el ritmo al cual el precio de los bienes y servicios aumentan de precio, este ritmo se expresa en porcentaje y normalmente se especifica para períodos anuales.

Los bienes son artículos en particular como un carro, zapatos, medicinas, viviendas, gasolina y otros.
Los servicios son, por ejemplo, la educación, el servicio de transporte, un plomero o electricista que nos brinda un servicio y todos podemos haber experimentado el aumento en el precio o costo de estos bienes y servicios cada año, eso es la inflación.

La inflación se debe a muchos factores que contribuyen a que el precio de los bienes y servicios aumenten cada año, como el aumento de la electricidad, el combustible y muchísimos otros que impactan en el precio de los bienes y servicios que consumimos.

Hay artículos que, en un año, suben de precio y otros que bajan, pero la inflación no se mide en base a un solo artículo, es un cálculo que hace el gobierno evaluando el cambio de precio de muchos bienes y servicios. La inflación es el promedio al cual todos esos artículos y servicios han aumentado de precio en un año.

La inflación es medida y llamada el índice de precios al consumidor (IPC). A continuación se presenta una tabla mostrando la inflación en Panamá entre los años 2,000 y 2,019

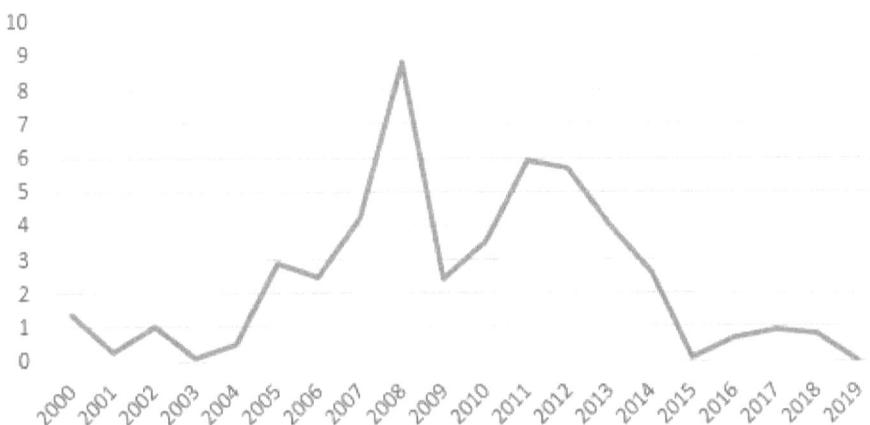

Inflación Anual en Panamá entre los años 2000 y 2019 (en %).

Fuente: Fondo Monetario Internacional

La inflación es algo muy importante que debemos comprender ya que nos afecta directamente a todos, si queremos mejorar nuestras finanzas, debemos conocer el efecto de la inflación en nuestro patrimonio.

El promedio de la inflación para los últimos veinte años ha sido 2.41 % en Panamá.

Esto significa que cada año que pasa el costo de la vida en general aumenta 2.41 %. Esto implica que si una persona tiene un billete de 100 dólares y hoy puede comprar 100 manzanas, o cualquier otra cosa por esa cantidad, al año siguiente las 100 manzanas costarán 102.41 dólares debido a la inflación.

Por eso se dice que la inflación es el aumento en el precio de los bienes y servicios.

Si guardamos el billete de 100 dólares en una caja fuerte o bajo la cama, este no cambiará con el pasar del tiempo, y siempre seguirá siendo un billete de 100 dólares, pero si después de un año de tener ese billete guardado queremos manzanas, ¿cuántas manzanas cree usted que podrá comprar con ese billete de cien?, solamente podrá comprar 97.59 manzanas, aunque el año pasado se podían comprar 100 manzanas.

Por eso se dice que la inflación disminuye el poder adquisitivo del dinero, porque cada año puede comprar menos manzanas con la misma cantidad de dinero.

Si depositamos en el banco los 100 dólares, y el interés que ganamos es de 1.0 % anual, tendremos 101 dólares dentro de un año, pero las cien manzanas costarán 102.41 dólares, y tampoco las podemos comprar, solamente alcanzará para comprar 98.59 manzanas.

Si una persona tiene dinero en efectivo, guardado en una caja fuerte o escritorio, sin ganar intereses, o lo tiene en un banco ganando menos interés que la tasa de inflación, en ambos casos esta persona está perdiendo el poder adquisitivo de su dinero porque cada vez podrá comprar menos con el dinero que tiene.

Por eso se dice que la inflación es el ladrón silencioso de los ahorros.

Para nuestros ahorros, la inflación es una tasa de interés negativa, en vez de ganar dinero, perdemos dinero.

A manera de ejemplo, si la inflación se mantiene constante en 4 %, la pregunta es, ¿en cuántos años esas cien manzanas, que hoy cuestan 100 dólares, costarán el doble, 200 dólares?

Recordando la Regla de 72 y con una inflación de 4 %, podemos estimar que en 18 años (72 entre 4), los bienes, servicios y el costo de vida costarán el doble de lo que cuestan hoy.

El ciento de manzanas, que hoy cuesta 100.00 dólares, costará 200.00 dólares en 18 años mientras que el billete de 100.00 dólares seguirá igual pero solamente alcanzará para comprar 50 manzanas.

Debido a la inflación, con cada año que pasa, nuestro billete de 100 dólares puede comprar menos y menos manzanas.

Por eso es muy importante comprender el efecto que tiene la inflación en nuestros ahorros e inversiones, si estos rinden menos que la tasa de inflación entonces estaremos perdiendo dinero.

Para hacer que nuestro dinero adquiera más valor con el paso del tiempo, es necesario que sea ahorrado o invertido a una tasa de interés superior a la de la inflación. El propósito de este libro no es mostrar cómo hacerlo, es simplemente mostrar el impacto de la inflación en nuestro patrimonio.

Es importante detenernos a analizar nuestra situación financiera. Si tenemos ahorros o inversiones, debemos saber cuánto es la tasa de interés que nos rinden para poder compararla contra la tasa de inflación actual.

No todas las cuentas de ahorros, plazo fijos o inversiones generan la misma tasa de interés, por eso es importante revisar cada una de las mismas, por separado, para determinar cuáles de nuestras cuentas generan mayor o menor interés.

La pregunta que debemos respondernos cada uno de nosotros es la siguiente:
¿Qué interés generan nuestros ahorros e inversiones?

Esta información podemos ingresarla en el formulario de patrimonio personal para poder comparar los rendimientos de nuestros activos por separado y poder tomar mejores decisiones sobre nuestras finanzas.

A continuación un extracto del formulario de Patrimonio personal:

ACTIVOS   valor

Efectivo	_____ $	interés generado _____ %
Cuenta de ahorro	_____ $	interés generado _____ %
Cuenta corriente	_____ $	interés generado _____ %
Cooperativa	_____ $	interés generado _____ %
Fondo de Jubilación	_____ $	interés generado _____ %
Inversiones	_____ $	interés generado _____ %
Terrenos	_____ $	interés generado _____ %
Fincas	_____ $	interés generado _____ %

Extracto de formulario.

Para comprender mejor el efecto que tiene la inflación en nuestros ahorros y en las cantidades que esperamos alcanzar a futuro para nuestras metas, podemos retomar el ejemplo de las cien manzanas, que hoy cuestan 100 dólares.

Ahorrando 5.55 dólares cada año por los siguientes 18 años, sin ganar intereses, llegaremos a tener 100 dólares y poder comprar las cien manzanas.

Sin embargo, en ese momento futuro, 100 manzanas costarán 200 dólares y lo que hemos ahorrado no nos alcanzará para comprar 100 manzanas, sino 50.

Si planeamos comprar las 100 manzanas dentro de 18 años, debemos calcular el costo que tendrán en ese entonces las manzanas. El valor futuro de 100 dólares en 18 años con una inflación de 4.0 %, son 202.57 dólares.

Calculadora de Ahorros

Resultados   Tabla   Gráficas

Cantidad Inicial	100		Cantidad Final	202.57
Aporte Regular			Aportes Realizados	100.00
Frecuencia	Anual		Intereses Ganados	102.57
Tiempo (años)	18			
Interés (%)	4			

Todos los aportes se hacen:

◉ Al inicio del período   ○ Al final del período

¿Aportes extraordinarios?

○ Si   ◉ No

Calcular

Valor futuro de 100 dólares.

Ahora en vez de ahorrar 5.55 dólares, debemos ahorrar 11.25 dólares cada año por los siguientes 18 años, sin ganar intereses para llegar a tener 202.57 dólares y poder comprar las cien manzanas.

Por supuesto que el dinero que ahorramos cada año genera intereses y la cantidad a ser ahorrada cada año debe ser menor a 11.25 dólares.

Asumamos que nuestros ahorros generan un interés anual de 5.0 % la pregunta es:

¿Cuánto se debe ahorrar cada año durante 18 años para llegar a tener 202.57 dólares?

Ahorros para Lograr Meta

		Resultados	Tabla	Gráficas
Cantidad Meta	202.57	Aporte Regular		6.86
Cantidad Inicial	0	Aportes Realizados		123.48
Frecuencia	Anual	Intereses Ganados		79.14
Tiempo (años)	18	Cantidad Final		202.62
Interés (%)	5			

Todos los aportes se hacen:

◉ Al inicio del período   ○ Al final del período

Calcular

Respuesta: 6.86 dólares

Con este ejemplo sencillo sobre 100 manzanas, podemos apreciar el impacto que tendrá la inflación en nuestras metas y también, el que tendrá la tasa de interés que puedan generar nuestros ahorros para poder alcanzar dichas metas.

Aplicando los mismos principios al ejemplo en el que se planea llegar a ahorrar 400,000 dólares, en 26 años, para que estos, al 5.0 %, nos generen 20,000 anualmente, nos damos cuenta que necesitaremos tomar en cuenta la inflación estimada durante esos 26 años.

Ejemplo 18:   Si una persona piensa que para poder jubilarse, dentro de 26 años, y vivir de sus ahorros necesita 20,000 dólares al año hoy, hay que ajustar esa cantidad para tomar en cuenta la inflación para ver cuánto será dentro de 26 años.

Lo que hoy se puede comprar con 20,000 dólares, dentro de 26 años, a una inflación anual de 3.0 %, se podrá comprar con aproximadamente 43,000 dólares. Se citan cantidades aproximadas para facilitar la presentación y la incertidumbre de estimar la inflación a 26 años.

Recordemos que la cantidad a tener ahorrada para que se generen 20,000 dólares anuales que se requieren este año en el que estamos, al 5.0 % de interés, es 400,000 dólares.

La cantidad a tener ahorrada para que se generen 43,000 dólares anuales, que es lo que se requerirá dentro de 26 años, al 5.0 % de interés, es 860,000 dólares.

Una persona tiene 10,000.00 dólares y quiere saber, ¿cuánto dinero tiene que ahorrar mensualmente durante 26 años para llegar a tener 860,000 dólares? (asumiendo que todos los dineros siempre ganan 8.50 % de interés pagado mensualmente).

Ahorros para Lograr Meta

		Resultados	Tabla	Gráficas

Cantidad Meta	860000	Aporte Regular	672.80
Cantidad Inicial	10000	Aportes Realizados	219,913.60
Frecuencia	Mensual	Intereses Ganados	640,089.02
Tiempo (años)	26	Cantidad Final	860,002.62
Interés (%)	8.5		

Todos los aportes se hacen:

◉ Al inicio del período   ○ Al final del período

Calcular

Respuesta: Esa persona ahora tendría que ahorrar 672.80 dólares mensualmente.

Este ejemplo nos ilustra el impacto que tiene la inflación y también la tasa de interés que generan nuestros ahorros, en nuestra capacidad de alcanzar las metas propuestas.

Esto debe ser un tema de profunda reflexión.

Las calculadoras de ahorro que usamos en calcfina.com, no toman en cuenta el efecto de la inflación en la respuesta final que calculan, y por tanto, las respuestas que brindan deben ser ajustadas para la inflación.

Préstamos

"El endeudamiento y la adicción al consumismo

son formas muy reales de esclavitud"

Peter Adeney, Mr. Money Mustache.

Hay muchos bienes o servicios que queremos comprar pero, muchas veces, no tenemos el dinero suficiente para hacerlo con un solo pago en efectivo. Usualmente son compras como una casa, un auto o varias otras, y por lo tanto, pedimos un préstamo para poder comprarlas.

Normalmente cuando pedimos un préstamo, el banco o entidad que nos presta el dinero, quiere tener la confianza que se le pagará el dinero que prestan y obtener ganancias, por eso nos limitan a pedir hasta un límite máximo y nos cobran una tasa de interés por ese préstamo.
También pueden requerir fiadores, que se deje algún bien o dinero como garantía y requerir una póliza de vida a la persona que pide el dinero prestado.

Tenemos el caso de una persona que solicita al banco 10,000 dólares prestados para comprarse algo, lo atienden bien, le revisan toda la documentación requerida, le indican que el plazo a pagar el préstamo es de 5 años, el interés de 12.0 % y la letra mensual es de 266.67 dólares. Esa persona ya está decidida, todo le parece bien, revisa todos los papeles, firma el contrato y espera que le entreguen el dinero y listo.

Supongo que algo similar nos ha pasado a muchos de nosotros en algún momento, pero con frecuencia, no sabemos comprender las consecuencias de nuestras acciones causadas por la falta de información o conocimiento al adquirir un préstamo.

Para comprender mejor lo sucedido en el caso de ese préstamo hipotético, debemos empezar por la letra mensual porque esto es lo que vamos a pagar de nuestro bolsillo al banco todos los meses y, muchas veces, no tenemos muy claro cómo se calcula esa letra a pagar mensualmente.

¿Puede usted calcular la letra a pagar mensualmente para el préstamo descrito?

Para calcular la letra de un préstamo se utiliza la fórmula de interés sobre saldo y es la siguiente:

$$R = (\, (\, (P) \, (r \, / \, n) \,) \, / \, (\, 1 - (\, (\, 1 + (r \, / \, n) \,) \, \wedge \, (-nT) \,) \,) \,)$$

R = letra del préstamo
P = monto del préstamo
r = interés compuesto anual expresado en números decimales.
n = número de períodos en el año en los cuales se paga interés.
T = tiempo en años.

Esta fórmula es la misma que se usa para calcular la letra de un préstamo hipotecario, préstamo de automóvil, préstamo personal y otros.

Afortunadamente para nosotros, la calculadora de préstamos encontrada en calcfina.com hace este y otros cálculos para nosotros.

Ejemplo 19: Una persona quiere pedir al banco 10,000 dólares a pagar en 5 años, el interés es 12.0 %, ¿Cuánto es la letra mensual a pagar de ese préstamo?

Calculadora de Préstamos

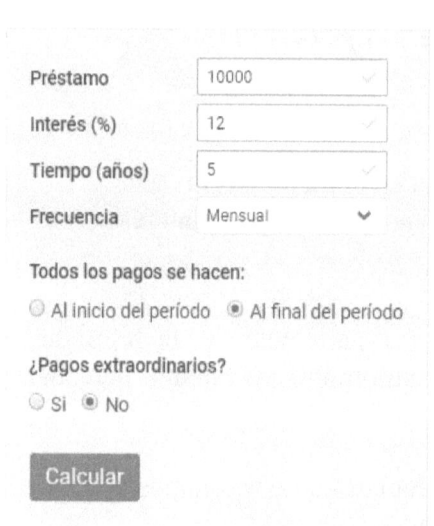

Resultados	Tabla	Gráficas
Préstamo	10000	
Interés (%)	12	
Tiempo (años)	5	
Frecuencia	Mensual	

Letra	222.44
Número de pagos	60.00
Intereses Pagados	3,346.67
Capital Pagado	10,000.00
Total Pagado	13,346.67

Todos los pagos se hacen:

○ Al inicio del período ⦿ Al final del período

¿Pagos extraordinarios?

○ Si ⦿ No

Calcular

Respuesta: 222.44 dólares mensualmente.

Tenemos que la letra mensual será de 222.44 dólares, sin embargo, ya hemos firmado un contrato con una letra de 266.67 dólares mensuales por el mismo préstamo, y todos los meses estaremos pagando 44.23 dólares de más. En cinco años esto es 2,653.8 dólares.

En este momento pudiéramos preguntarnos ¿cómo calcularon la letra de 266.67 dólares si la calculadora indica 222.44 dólares?

Hay varias maneras de calcular la letra de un mismo préstamo, en este caso, la letra se calculó de la siguiente manera:

El interés del préstamo es 12.0 % anual, de 10,000 dólares, son 1,200 dólares cada año, y como el préstamo es por 5 años, los intereses calculados de esta manera son 6,000 dólares.

La cantidad pedida prestada es de 10,000 dólares, que también hay que pagar, y sumado con los intereses, son 16,000 dólares, los cuales divididos entre 60 pagos mensuales, resulta una letra mensual a pagar de 266.67 dólares.

Esta manera de calcular la letra mensual a pagar le conviene a quien presta el dinero y no a usted. A usted le conviene que le calculen la letra usando el método presentado en calcfina.com ya que paga menos en intereses y por eso la hemos presentado, para que pueda hacer su propio cálculo y comparar la letra que paga en los préstamos que tiene actualmente y también en los que quiera solicitar en el futuro.

Tabla de amortización

La tabla de amortización nos muestra con detalle el comportamiento de un préstamo y sus diferentes componentes, como la cantidad original de dinero prestado, el pago o letra mensual constante, la cantidad o parte de la letra que es aplicada al pago de intereses del préstamo, y la cantidad o parte de la letra que es aplicada al pago del principal o monto debido. También muestra el balance pendiente o suma de dinero adeudada habiendo hecho la disminución correspondiente al pago del principal.

La letra del préstamo paga al banco los intereses adeudados por el préstamo y también le paga el dinero prestado, o capital, estos dos pagos varían cada mes, normalmente el pago a interés es mayor al inicio y luego va disminuyendo, en la misma medida, el pago a capital normalmente cada mes va aumentando con el pasar de los meses, pero siempre la suma de ambos pagos es igual a la letra mensual pagada, la cual normalmente no varía.

Cada vez que nos dan un préstamo debemos solicitar y obtener una tabla de amortización para ese préstamo y guardarlo en nuestros archivos para poder en cualquier momento conocer el saldo pendiente del préstamo sin tener que ir a la institución y pedir el saldo del préstamo.
Si usted tiene un préstamo pero no tiene la tabla de amortización, puede ingresar los detalles del mismo en la calculadora de préstamo para obtener e imprimir la tabla de amortización.

La tabla de amortización se calcula con un interés fijo para la duración del préstamo, sin embargo este interés puede variar en el futuro, puede subir y de ser así, nos podrían aumentar la letra mensual o extender el plazo a pagar el préstamo.

Con frecuencia, la tasa de interés puede bajar, y en este caso es nuestra responsabilidad solicitar a la institución hacer los ajustes correspondientes, ya que no es algo automático. De esta manera el monto pagado como letra mensual disminuirá o bien, si la letra se mantiene igual, se acortará el período de tiempo a ser cancelado el préstamo.

Tomemos como ilustración la tabla de amortización del ejemplo 19. Una persona quiere pedir al banco 10,000 dólares a pagar en 5 años, el interés es 12.0 %.

La tabla completa es de 60 meses pero para no ocupar tanto espacio solamente mostramos los primeros y últimos meses.

Mes	Pago Extra	Pago Regular	Abono Interés	Abono Capital	Saldo
1	0.00	222.44	100.00	122.44	9,877.56
2	0.00	222.44	98.78	123.67	9,753.89
3	0.00	222.44	97.54	124.91	9,628.98
4	0.00	222.44	96.29	126.15	9,502.83
5	0.00	222.44	95.03	127.42	9,375.41
56	0.00	222.44	10.80	211.65	867.97
57	0.00	222.44	8.68	213.76	654.20
58	0.00	222.44	6.54	215.90	438.30
59	0.00	222.44	4.38	218.06	220.24
60	0.00	222.44	2.20	220.24	0.00

Tabla de amortización.

Para preparar una tabla de amortización, se empieza por el monto original del préstamo (10,000.00) y la letra calculada (222.44).

Luego se calcula la cantidad que será pagada en interés el primer mes o periodo, son 100 dólares porque 12.0 % de 10,000 dólares en un año son 1,200 dólares y como solamente vamos a pagar un mes, esos 1,200 dólares se dividen entre 12 y resulta ser que los intereses para el primer mes serán 100.00 dólares.

Para encontrar la cantidad que será pagada como abono a capital, se toma la letra mensual, 222.44 y se le resta lo que se paga en intereses ese mes, 100.00 para obtener 122.44 como abono a capital el primer mes. Recordar que la suma de lo que se paga en interés y se abona a capital es igual a la letra que se paga cada mes.

El saldo para el segundo mes es el monto adeudado, 10,000.00 dólares, menos el abono a capital de 122.44 para obtener un saldo de 9,877.56.

Al mes siguiente se empieza con este nuevo saldo y así sucesivamente hasta llegar al final del préstamo en el tiempo pactado.

Para el segundo mes, el interés a pagar de 12 % se calcula sobre este nuevo saldo, 12.0 % de 9,877.56 dólares es 1,185.31 y mensualmente serían 99.78 dólares pagaderos en intereses.

Por esta razón es que la fórmula se llama de interés sobre saldo, porque los intereses se calculan sobre el nuevo saldo de cada mes.

Como la letra mensual a pagar es siempre de 222.44 dólares, se restan los 99.78 dólares pagaderos en intereses y la diferencia en el segundo mes, como abono a capital, es de 123.67 dólares. Al saldo adeudado del primer mes, 9,877.56 dólares, se le resta el abono a capital hecho por 123.67 para quedar con un balance de 9,753.89 dólares para el siguiente mes y así sucesivamente.

Mes	Pago Extra	Pago Regular	Abono Interés	Abono Capital	Saldo
1	0.00	222.44	100.00	122.44	9,877.56
2	0.00	222.44	98.78	123.67	9,753.89

Vemos que las cantidades a ser pagadas como intereses disminuyen mensualmente, de 100 a 98.78 dólares, el segundo mes y 97.54 el tercer mes, ya que cada mes el saldo adeudado es menor por lo que el interés a pagar también disminuye cada mes.

Los pagos hechos a capital aumentan mensualmente, de 122.44 a 123.67 dólares el segundo mes y 124.91 el tercer mes, hasta que el último mes se cancela la totalidad del monto prestado originalmente.

La tabla de amortización también muestra el total de dinero pagado como interés por el préstamo, que fue de 3,346.67 dólares.

En este préstamo en particular desde el primer pago, el dinero que fue acreditado a capital (122.44) siempre fue mayor al cobrado como intereses (100.00), sin embargo este no es siempre el caso, hay veces la cantidad que es pagada como intereses es mayor a lo que se amortiza o se paga al capital de la deuda cada mes.

Para ilustrar este punto, veamos para el mismo ejemplo de préstamo de 10 mil a 5 años pero a un interés de 15 %, la letra sería de 237.90 y el primer mes se paga más a interés (125.00) que a capital (112.90).

Resultados **Tabla** Gráficas

Mostrar por: ○ Año ◉ Mes ○ Todo

Mes	Pago Extra	Pago Regular	Abono Interés	Abono Capital	Saldo
1	0.00	237.90	125.00	112.90	9,887.10
2	0.00	237.90	123.59	114.31	9,772.79
3	0.00	237.90	122.16	115.74	9,657.05

Tabla de amortización con mayor pago a interés que a capital.

Algunas veces la manera que hemos presentado para calcular la letra a pagar mensualmente por un préstamo no corresponde con la letra que nos cobran en los préstamos, ya que muchas veces se incluyen gastos adicionales como por ejemplo, seguro de vida, seguro de incendio (sobre todo si es una hipoteca), gastos de manejo, gastos legales y demás costos que normalmente incrementan la letra mensual obtenida por nuestra calculadora.

Estos gastos adicionales deben ser examinados por separado ya que algunos pueden ser obligatorios pero otros son opcionales y debemos evaluarlos.

Tasa nominal y tasa efectiva

Todo préstamo tiene dos tasas de interés, la tasa nominal y la tasa efectiva.

La tasa nominal es aquella a la que se dice que se da el préstamo.

La tasa efectiva o tasa real, es aquella que, al final de todas las cuentas, terminamos pagando realmente por el préstamo.

Si una persona pide un préstamo de 100 dólares a un amigo y acuerdan que en un año se habrán devuelto los 100 dólares y 10 dólares en intereses por el préstamo, se puede decir que las tasas de interés, tanto nominal, como efectiva, han sido de 10% anual.

Algunos préstamos cobran gastos de manejo, seguro de vida, comisión, gastos de notaría, impuestos, gastos de cierre, intereses y otros gastos adicionales que son sumados a la letra del préstamo y que tendrán que ser pagados con el monto prestado, lo cual hace que haya una diferencia entre el interés nominal y el efectivo.

Si la persona que le prestó 100 dólares a un amigo, le cobra 10 dólares como intereses y 2 dólares como gasto de manejo, la tasa nominal será 10% pero la tasa efectiva será 12 %.

En el ejemplo 19, dónde firmamos por una letra mensual de 266.67 dólares, vemos que con una tasa nominal de 12.0% la letra sería de 222.44 dólares, sin embargo nuestra letra real es de 266.67 dólares y por lo tanto la tasa efectiva tiene que ser mayor a la tasa nominal de 12.0%.

Esto debería llevarnos a preguntar, ¿a qué tasa de interés la letra del préstamo sale en 266.67 dólares?,

Una manera de encontrar la tasa efectiva de interés en este préstamo es usando la calculadora financiera de calcfina.com para tal propósito.

Para calcular la tasa de interés efectiva necesitamos tener 3 datos: la letra que pagamos cada mes, la cantidad o monto del préstamo que inicialmente nos prestaron y tercero, el período en años en el que estamos supuestos a pagar el préstamo.

Tasa de Interés Real de Préstamo

Resultados

Letra	266.67	Tasa de Interés Real 20.31
Frecuencia	Mensual ⌄	
Préstamo	10000	
Tiempo (años)	5	

Todos los pagos se hacen:

○ Al inicio del período   ◉ Al final del período

Calcular

Respuesta: la tasa de interés real del préstamo es 20.31%.

Estábamos bajo la impresión que el préstamo era a 12%, por ser la tasa nominal, pero vemos que por lo que estamos pagando mensualmente, 266.67 dólares, que la tasa efectiva es de 20.31%.

Si hubiéramos sabido al principio del trámite, que la tasa de interés del préstamo sería de 20.31 % en vez de solamente decirnos la tasa nominal de 12%, hubiéramos estado en posición para tomar la mejor decisión de lo que hacer con nuestro dinero, ya sea que tomamos el préstamo en esa institución o vamos a otra parte en busca de mejores condiciones para nuestro préstamo.

Es muy importante detenernos y analizar nuestra situación financiera personal, si tenemos algún préstamo ahora mismo, debemos calcular la tasa efectiva que estamos pagando actualmente por cada uno de esos préstamos y compararla con la tasa nominal.

La Asociación Panameña de Crédito (APC) publicó en enero 2,011 una guía titulada
"Lo que siempre has querido saber sobre el crédito Guía práctica para el consumidor de crédito".

En esta guía se nos informa que:

"En Panamá se utilizan tres métodos de cálculo que son: Interés agregado, interés sobre saldo e interés descontado por adelantado.

Veremos los tres cálculos con las siguientes condiciones:
Monto: 4,600;
Interés: 12% anual (1% mensual);
Plazo: 6 años con pagos mensuales (72 pagos mensuales).
Comisión de cierre: 5%
Gastos de terceros: 400.00 (seguros, gastos legales, otros)."

Seguidamente explican la manera de calcular la letra para un mismo préstamo usando tres métodos diferentes, el agregado, el descontado y sobre saldo.
Finalizan con una tabla donde las presentan la Tasa Efectiva para cada manera de calcular el mismo préstamo.

Método	Tasa Nominal	Tasa Efectiva
Agregado	12.0 %	22.0 %
Descontado	12.0 %	71,3 %
Sobre Saldo	12.0 %	14.0 %

En la guía de la APC explican con claridad la manera de calcular la letra para cada método pero a nosotros como clientes normalmente no nos explican, ni cómo se calcula la letra, ni tampoco cuál es la tasa efectiva del préstamo, ni que método para calcularnos la letra usa el banco o financiera que nos presta el dinero, y por eso la importancia de poder calcularla nosotros mismos y poder también calcular la tasa de interés efectiva de cada préstamo.

Ejemplo 20:   Usando el ejemplo 19, como base, en el cual una persona quiere pedir al banco 10,000 dólares a 5 años con un interés de 12.0% (tasa nominal) y ahora nos dicen que la letra a pagar es de 232.68 dólares mensuales.

Esta cantidad resulta de la suma de la letra mensual calculada al 12.0 % (222.44) y otros gastos añadidos, 5.00 como gasto de manejo y 5.24 por algún seguro por pagar con el préstamo.

La pregunta a responder es: ¿Cuál es la tasa de interés efectiva para ese préstamo?

Tasa de Interés Real de Préstamo

Resultados

Letra	232.68	Tasa de Interés Real 14.00
Frecuencia	Mensual	
Préstamo	10000	
Tiempo (años)	5	

Todos los pagos se hacen:

○ Al inicio del período   ◉ Al final del período

[Calcular]

Respuesta: La tasa de interés efectiva es de 14.0 %

Esta letra de 232.68 a 14.0% de interés es mejor para nosotros, que pagar la letra de 266.67 a tasa efectiva de 20.31% y esto se puede ver muy fácilmente comparando el monto de la letra y escoger la menor, ya que estamos comparando para la misma cantidad de dinero y por el mismo tiempo.

Luego de calcular la tasa efectiva de cada uno de nuestros préstamos, podemos ingresarla en el formulario de patrimonio personal para poder comparar la tasa efectiva y la tasa nominal de todos los préstamos que tenemos y poder tomar mejores decisiones sobre nuestras finanzas.

PASIVOS　　　　　　　deuda por pagar

Tarjeta de crédito 1	_____ $	interés cobrado ____, ____ % (nominal y real)
Tarjeta de crédito 2	_____ $	interés cobrado ____, ____ % (nominal y real)
Préstamo personal	_____ $	interés cobrado ____, ____ % (nominal y real)
Préstamo Auto 1	_____ $	interés cobrado ____, ____ % (nominal y real)
Préstamo Auto 2	_____ $	interés cobrado ____, ____ % (nominal y real)
Hipoteca de casa	_____ $	interés cobrado ____, ____ % (nominal y real)
Hipoteca de finca	_____ $	interés cobrado ____, ____ % (nominal y real)
Hipoteca apartamento	_____ $	interés cobrado ____, ____ % (nominal y real)
Préstamo Educativo	_____ $	interés cobrado ____, ____ % (nominal y real)
Préstamo 1	_____ $	interés cobrado ____, ____ % (nominal y real)
Préstamo 2	_____ $	interés cobrado ____, ____ % (nominal y real)

Extracto del formulario de Patrimonio personal.

Cooperativa, Banco y Financiera

Hay varios tipos de cooperativas pero la más común es la cooperativa de ahorro y crédito. Una cooperativa de ahorro y crédito, al igual que un banco, permite a sus asociados ahorrar y también solicitar distintos tipos de préstamos o créditos.

Las cooperativas tienen un carácter social, educacional y económico para el beneficio de sus asociados. Una vez que una persona se inscriba y sea aceptada como parte de la cooperativa, se convierte en asociado, no en cliente, y solo entonces puede utilizar los servicios de la cooperativa como depositar sus ahorros o pedir dinero prestado.

Una de las principales diferencias entre una cooperativa y un banco es que en una cooperativa los asociados son los dueños de la cooperativa mientras que en un Banco, los clientes no son los dueños del banco, los accionistas del banco son los dueños. Por lo tanto, cuando se reparten las ganancias, los clientes del banco no reciben parte de ella, toda la ganancia va a los dueños del banco, los accionistas.

En una cooperativa, las ganancias se reparten entre todos los asociados, ya que ellos son los dueños de la cooperativa.

Una financiera es una institución que se dedica a prestar dinero a las personas y usualmente cobran un porcentaje más alto que el banco o cooperativa, debido al riesgo que los clientes no paguen la deuda y el deseo de maximizar las ganancias para el dueño de la financiera.

El siguiente ejemplo fue tomado de una experiencia personal hace varios años atrás cuando fui a tres instituciones financieras y solicité un préstamo de 5,000 para pagarlos en 4 años.

Quería ver de primera mano la diferencia que había en pedir la misma cantidad de dinero prestada por el mismo período de tiempo en una cooperativa, un banco, una financiera y poder calcular la tasa de interés efectiva que cobraban cada una de esas instituciones.

Ejemplo 21:   Una persona quiere pedir un préstamo de 5,000 dólares y pagarlos en 48 meses (4 años), va a una cooperativa y le dicen que el interés es de 12.75%, que cobran 1.5% de gastos de manejo (de los

5,000), le dicen que la letra sale en 133.52 mensuales y además hay que pagar 2.23 dólares mensuales por un seguro de vida, en total la letra sale por 135.75 dólares (también tiene una restricción sobre el nivel de ahorro que hay que mantener en la cuenta del asociado y por supuesto, ser miembro de la Cooperativa para poder pedir el préstamo).

Luego va a un banco y le dicen que para recibir 5,006.28 en sus manos debe pedir 5,400.00 dólares, que el interés es del 14.0% y que la letra sale por 157.00

Por último va a una financiera, le dicen que la letra es 237.66 dólares, pero no dijeron el interés del préstamo.

Cuando se pregunta en la financiera por la tasa de interés, indican que es de 1.8%.
A primera vista mucho menor que la que cobran en el banco (14.00%) o en la cooperativa (12.75%) pero tenemos que esa es la tasa mensual y para poder compararla con la de la cooperativa y del banco, hay que multiplicarla por 12, dando así una tasa de interés nominal de 21.6% anual en la financiera.

Para resumir, presentamos la siguiente tabla.

	Cooperativa	Banco	Financiera
Préstamo en mano	5,000.00	5,006.28	5,000.00
Período en meses	48	48	48
Letra mensual	135.75	157.00	237.66
Monto total a pagar	6,516.00	7,536.00	11,407.68
Tasa nominal	12.75%	14.00%	21.60%

Con esta tabla informativa podemos calcular la tasa de interés efectiva en cada una de estas tres entidades.

Los resultados obtenidos se presentan a continuación:

	Cooperativa	Banco	Financiera
Tasa efectiva	13.65%	21.74%	48.53%
Tasa nominal	12.75%	14.00%	21.60%

Estos números ilustran y ayudan a comprender la importancia de poder calcular la tasa efectiva de los préstamos, que tenemos o planeamos tener, para poder compararlos con la tasa nominal de cada uno y escoger el que mejor nos conviene.

El poder calcular la tasa efectiva de los préstamos nos puede ayudar a responder preguntas como la siguiente.

Ejemplo 22:   Una persona tiene dinero para abonar a uno de sus dos préstamos y terminar de pagar sus deudas lo más pronto posible.
A ¿cuál de los siguientes préstamos considera usted que se le debe hacer el abono?

Préstamo A.
Pidió 20 mil a 10.5% por 7 años y le cobran una letra mensual de 343.00 dólares.

Préstamo B.
Pidió 10 mil a 5.5% por 4 años y le cobran una letra mensual de 264.00 dólares.

Para encontrar la respuesta debemos encontrar la tasa de interés efectiva de cada préstamo para compararlas entre ellas y escoger hacer el pago o abono al préstamo que tenga la tasa más alta, ya que es el que nos cobra mayor interés.

Tasa de Interés Real de Préstamo

Resultados

Letra	343		Tasa de Interés Real	11.05
Frecuencia	Mensual ⌄			
Préstamo	20000			
Tiempo (años)	7			

Todos los pagos se hacen:

○ Al inicio del período   ● Al final del período

Calcular

Tasa efectiva de préstamo A es 11.05 %

Tasa de Interés Real de Préstamo

Resultados

Letra	264
Frecuencia	Mensual
Préstamo	10000
Tiempo (años)	4

Tasa de Interés Real	12.13

Todos los pagos se hacen:

○ Al inicio del período   ⦿ Al final del período

Calcular

Tasa efectiva de préstamo B de 12.13 %

Respuesta: Sabiendo que cobran un mayor interés en el préstamo B, escogemos hacer el abono a este préstamo.

Préstamos hipotecarios

Una hipoteca es usualmente un préstamo para comprar una casa, apartamento, finca o un bien que se pueda hipotecar y la fórmula para calcular la letra de una hipoteca es la misma que se usa para el cálculo de intereses sobre saldo.

Cuando se pide un préstamo hipotecario, la mayoría de las veces existe la obligación de pagar un seguro de vida junto con el préstamo, en este caso si la persona que pidió el préstamo fallece, la compañía aseguradora paga el restante de la deuda al banco.

Normalmente incluyen un seguro contra incendio para que si la casa o apartamento se incendia el banco no pierda su dinero y se lo pueda cobrar al seguro.

Si la persona deja de pagar el préstamo hipotecario, el banco puede tomar posesión de la casa o apartamento y proceder a venderlo por lo que queda de deuda o por el valor de mercado de la propiedad.

Para las personas que no tienen una hipoteca, esta sección pudiera no parecer muy importante, se pudiera llegar a pensar que cuando lleguemos a tener una hipoteca entonces veremos esto.
Debo decirles que no se sorprendan al saber que muchas personas que ya tienen hipotecas no saben bien cómo funcionan, no saben calcular el costo de la hipoteca usando diferentes variables de intereses, tiempo en años, monto a pedir prestado y muchos simplemente van a un banco y firman los papeles casi ciegamente.

Algunos no podríamos responder correctamente las siguientes preguntas:

¿Cuánto es el porcentaje que usted paga de interés hipotecario actualmente?
¿Cuánto le sube la letra si el interés de la hipoteca sube 1 %?
¿Cuándo terminaría usted de pagar su préstamo hipotecario si agrega 30 dólares al pago mensual?

Espero que este no sea su caso, y, de serlo, vamos a mostrar de una manera clara y sencilla el funcionamiento de un préstamo hipotecario, el efecto en la letra si cambia la tasa de interés, si hay pagos extraordinarios y mostrarlos detalladamente en la tabla de amortización con el fin de poder comprender cómo nos afectan las diferentes variables de una hipoteca.

Ejemplo 23:   Una persona pide un préstamo hipotecario para comprar un apartamento de 120,00 dólares, por política del banco tiene que abonar 10% del valor del apartamento o sea 12,000 dólares para obtener un préstamo hipotecario por 108,000 dólares al 6% de interés por 30 años.

a) ¿Cuánto es la letra mensual de este préstamo?

b) ¿Cuánto dinero pagará en total por el apartamento? y ¿Cuánto se pagará en intereses solamente?

c) ¿Cuál es la diferencia, en tiempo y en dinero, entre pagar 30.00 dólares mensuales adicionales a la letra desde el inicio y pagar la letra exacta?

d) Después de 5 años de pagar la hipoteca esta persona quiere hacer un abono de 15,000.00 dólares al saldo ¿cómo afecta esto a su préstamo?

e) ¿Cuánto sería la diferencia en la letra y total de intereses a pagar si el interés fuera 5.0 %, en vez de 6.0 %?

f) ¿cuánto dinero se pagó únicamente en intereses hipotecarios en el año 4 del préstamo al banco?

Calculadora de Préstamos

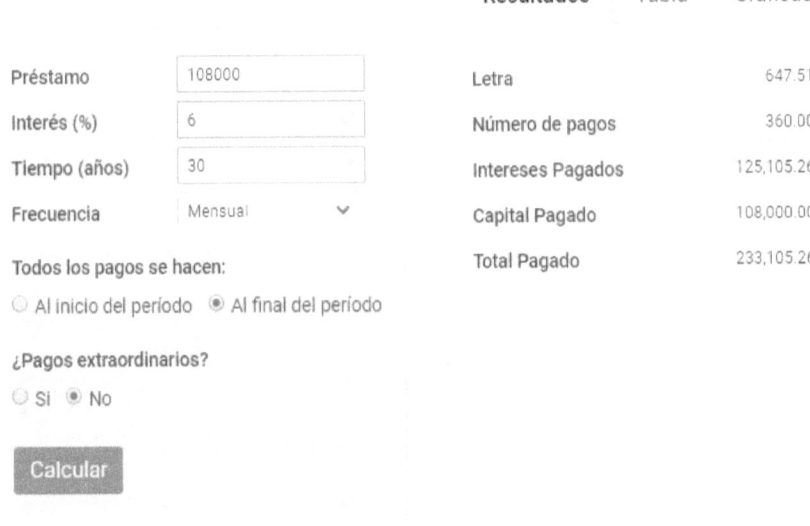

Resultados   Tabla   Gráficas

Préstamo	108000
Interés (%)	6
Tiempo (años)	30
Frecuencia	Mensual

Letra	647.51
Número de pagos	360.00
Intereses Pagados	125,105.26
Capital Pagado	108,000.00
Total Pagado	233,105.26

Todos los pagos se hacen:

○ Al inicio del período ◉ Al final del período

¿Pagos extraordinarios?

○ Si ◉ No

Calcular

Respuestas a y b.

a) La letra o pago mensual sería de 647.51 dólares

b) Por el apartamento de 120,000 dólares se termina pagando un total de 245,105.26 dólares. 12,000 dólares del abono inicial, 108,000 dólares del préstamo y 125,105.26 en intereses durante los 30 años (notar que se pagó más dinero en intereses que en el costo del apartamento).

Calculadora de Préstamos

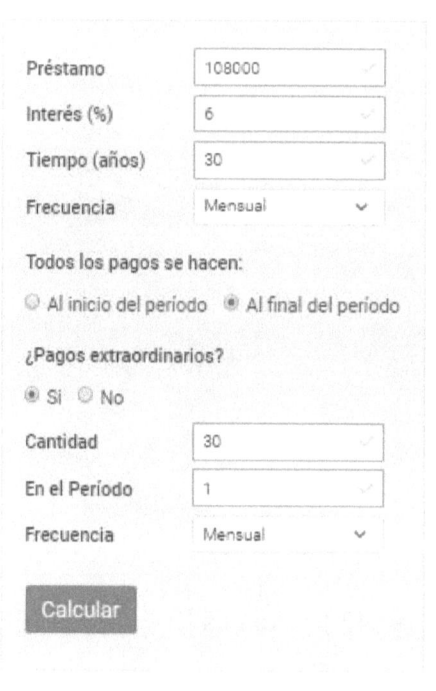

Respuesta c.

c) La diferencia, en tiempo y en dinero, entre pagar 30.00 dólares mensuales adicionales desde el inicio a la letra, y pagar la letra exacta son 40 meses menos, 3.33 años. La deuda se paga en 320 meses en vez de 360 meses y se ahorran 16,478.52 en intereses.

Calculadora de Préstamos

Resultados   Tabla   Gráficas

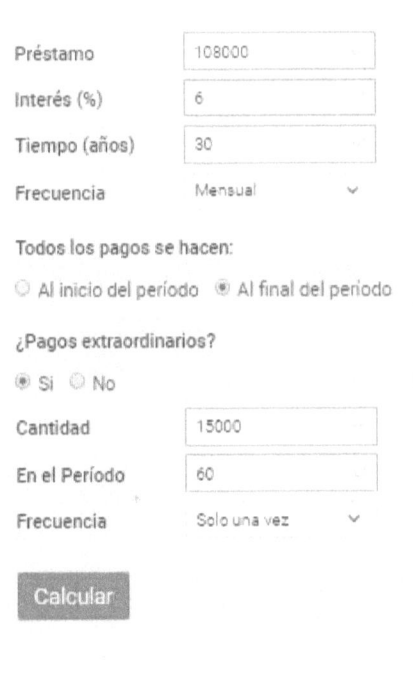

Préstamo	108000
Interés (%)	6
Tiempo (años)	30
Frecuencia	Mensual

Todos los pagos se hacen:

○ Al inicio del período   ◉ Al final del período

¿Pagos extraordinarios?

◉ Si   ○ No

Cantidad	15000
En el Período	60
Frecuencia	Solo una vez

Calcular

Resultados del préstamo SIN pagos extras:

Letra	647.51
Número de pagos	360.00
Intereses Pagados	125.105.26
Capital Pagado	108.000.00
Total Pagado	233.105.26

Resultados del préstamo CON pagos extras:

Número de pagos	277.00
Intereses Pagados	85.988.23
Capital Pagado	108.000.00
Total Pagado	193.988.23

Los pagos extras producen los siguientes ahorros:

Años Ahorrados	6.92
Dinero Ahorrado	39.117.03

Respuesta d.

d) Después de 5 años de pagar la hipoteca, un abono o pago extraordinario de 15,000.00 dólares al saldo en el mes 60, se ahorran 83 meses ya que la deuda se cancela en 277 meses en vez de 360 meses.
Se ahorran 39,117.03 en intereses.
A continuación se muestra un extracto de la tabla de amortización donde se aprecia el abono extra de 15,000 en el mes 60 y que en el último mes la letra será de 274.20 y no de 647.51.

Mes	Pago Extra	Pago Regular	Abono Interés	Abono Capital	Saldo
1	0.00	647.51	540.00	107.51	107,892.49
2	0.00	647.51	539.46	108.05	107,784.43
3	0.00	647.51	538.92	108.59	107,675.84
59	0.00	647.51	503.93	143.58	100,643.00
60	15,000.00	647.51	503.21	15,144.30	85,498.70
61	0.00	647.51	427.49	220.02	85,278.68
275	0.00	647.51	7.78	639.74	915.77
276	0.00	647.51	4.58	642.94	272.83
277	0.00	274.20	1.36	272.83	0.00

Tabla de amortización respuesta d.

Respuesta e.
Antes de ver la respuesta a esta pregunta quisiera que usted mentalmente estime la diferencia en la letra mensual y lo que se ahorra en intereses si la tasa a pagar fuera 1.0% menos, de 6 a 5 porciento.

Calculadora de Préstamos

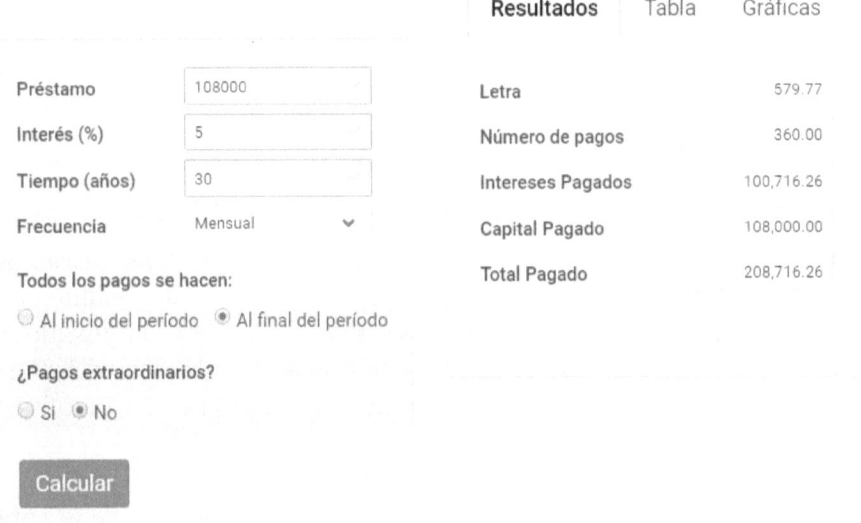

Resultados   Tabla   Gráficas

Préstamo	108000		Letra	579.77
Interés (%)	5		Número de pagos	360.00
Tiempo (años)	30		Intereses Pagados	100,716.26
Frecuencia	Mensual ⌄		Capital Pagado	108,000.00

Todos los pagos se hacen:

◯ Al inicio del período   ⦿ Al final del período

¿Pagos extraordinarios?

◯ Si   ⦿ No

[Calcular]

Total Pagado   208,716.26

Al 5.0% la letra es de 579.77, el total de interés a pagar es de 100,716.26
Al 6.0% la letra es de 647.51, el total de interés a pagar es de 125,105.26

e) La letra disminuye 67.74 dólares mensualmente y se pagarían 24,389.00 dólares menos en intereses al bajar el interés de 6.0 % a 5.0 %.

Es importante resaltar que la reducción de 1% en la tasa de interés (de 6.0% a 5.0%), que a primera vista pudiera no parecer mucho, disminuyó en 10.46% la letra mensual pagada, ya que disminuye la letra mensual en 67.74 dólares, de 647.51 a 579.77.

Los intereses pagados por la totalidad del préstamo disminuyen en 24,388.99 dólares debido al cambio de solamente 1.0 % en la tasa de interés.

Esto nos indica que una mínima diferencia en la tasa de interés de un préstamo hipotecario pudiera tener para nosotros un impacto de varios miles de dólares en pagos a intereses, por lo tanto, debemos escoger la tasa que mejor nos convenga y no pensar que una pequeña diferencia en la tasa de interés no es importante para nosotros.

La pregunta que debemos hacernos, si tenemos préstamos hipotecarios, o cualquier otro tipo, es ¿qué tasa de interés estamos pagando ahora mismo?, ¿pudiera ser menor?, ¿cuál es la tasa de interés efectiva para ese préstamo?

Algunas veces los bancos bajan las tasas de interés para los nuevos préstamos que están ofreciendo y si los clientes que ya tenían préstamos hipotecarios pagando un interés más alto, no solicitan una disminución, el banco les sigue cobrando la tasa más alta y no la disminuye automáticamente. Por esto es importante revisar nuestra tasa de interés hipotecaria con cierta frecuencia y compararla con la tasa que ofrecen los bancos en ese momento.

Usted puede pedirle al banco que le baje la tasa de interés que le cobra en la hipoteca. Si el banco se niega a bajar la tasa, se puede explorar la posibilidad de cambiar el préstamo hipotecario a otro banco, teniendo en cuenta todos los posibles costos.

También se da el caso que el banco suba los intereses, para lo cual deben notificar a todos sus clientes y luego proceden a subirle los intereses a todos. Esto generalmente es implementado prontamente por el banco, ya que les interesa cobrar la tasa de interés más alta a sus clientes.

Respuesta f.

Calculadora de Préstamos

Año	Pago Extra	Pago Regular	Abono Interés	Abono Capital	Saldo
1	0.00	7,770.18	6,443.92	1,326.25	106,673.75
2	0.00	7,770.18	6,362.12	1,408.05	105,265.69
3	0.00	7,770.18	6,275.28	1,494.90	103,770.79
4	0.00	7,770.18	6,183.07	1,587.10	102,183.69
5	0.00	7,770.18	6,085.19	1,684.99	100,498.70
6	0.00	7,770.18	5,981.26	1,788.92	98,709.79
7	0.00	7,770.18	5,870.92	1,899.25	96,810.53
8	0.00	7,770.18	5,753.78	2,016.39	94,794.14
9	0.00	7,770.18	5,629.41	2,140.76	92,653.38
10	0.00	7,770.18	5,497.38	2,272.80	90,380.58

f) En el año 4 se pagarán en intereses la suma de 6,183.07 dólares, como se muestra en la tabla de amortización anual.

Ejemplo ilustrativo a resolver.

Ejemplo 24: Una persona quiere pedir un préstamo hipotecario de 150,000 dólares pagados a 30 años, en el banco A le dicen que se lo prestan a una tasa de interés de 4.5 % y en el banco B le dicen que se lo prestan a una tasa de interés de 4.85 % y que le regalan 5,000 dólares en el precio de venta por lo que ahora el préstamo no sería de 150,000 dólares sino de 145,000 dólares

Usted, ¿con que banco usted escogería el préstamo, con el que tiene la tasa de interés más baja o el que es menos dinero?

Para encontrar la respuesta, usamos la calculadora de préstamos en calcfina.com y encontramos el costo total de cada préstamo para compararlos y escoger el que nos cuesta menos dinero.

Calculadora de Préstamos

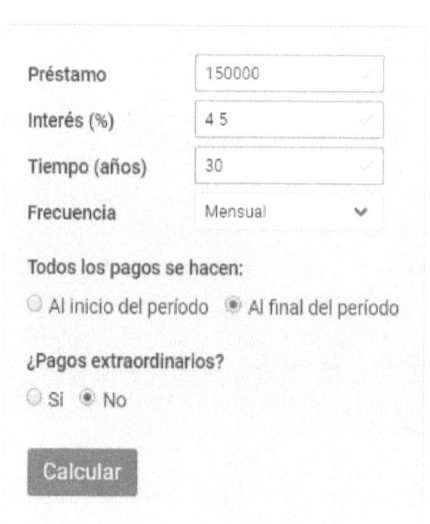

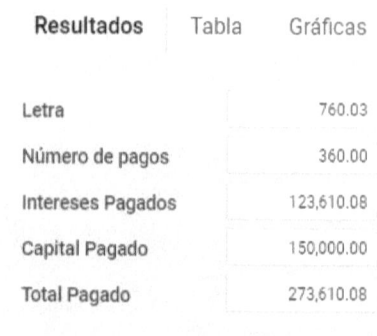

Resultados	Tabla	Gráficas
Letra		760.03
Número de pagos		360.00
Intereses Pagados		123,610.08
Capital Pagado		150,000.00
Total Pagado		273,610.08

Con el banco A pagaremos un total de 273,610.08 por el préstamo.

Calculadora de Préstamos

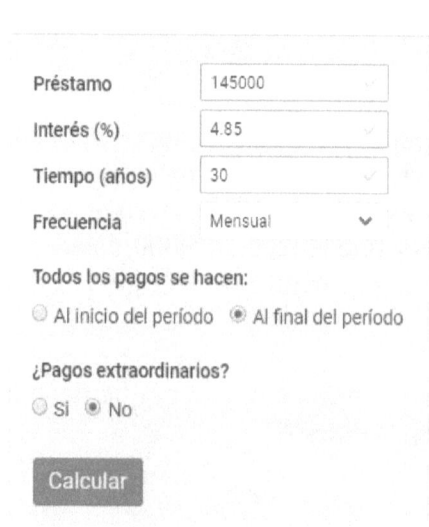

Resultados	Tabla	Gráficas
Letra		765.15
Número de pagos		360.00
Intereses Pagados		130,455.12
Capital Pagado		145,000.00
Total Pagado		275,455.12

Con el banco B pagaremos un total de 275,455.12 dólares por el préstamo.

Respuesta: Con una diferencia de tan solo 0.35 % entre las tasas de interés y aunque el monto del préstamo sea 5,000 dólares menos en el banco B, el pago total es 1,845.04 dólares más caro en el banco B que en el banco A, por lo que debemos escoger el banco A.

Monto del préstamo	Tasa de interés	Total a pagar
Banco A: 150,000	4.50 %	273,610.08 dólares
Banco B: 145,000	4.85 %	275,455.12 dólares
Diferencia: 5,000	0.35 %	1,845.04 dólares

Banco A y Banco B

Tarjetas de crédito

Las tarjetas de crédito son conocidas y usadas por millones de personas en el mundo, sin embargo, algunas veces, no llegamos a comprender totalmente el impacto que tiene en nuestra vida y nuestras finanzas el mal uso de las mismas.

En esta parte usaremos algunos ejemplos para mostrar el costo real de financiar compras con la tarjeta de crédito, en otras palabras, ¿cuánto vamos a pagar en intereses por lo que compramos?, también se calculará la diferencia entre hacer pagos mínimos o pagos fijos mensualmente para pagar la deuda.

Mostraremos cómo encontrar el tiempo que demora pagar todo el saldo de la tarjeta de crédito y el efecto que tienen en el costo final diferentes tasas de interés.

También usaremos un ejemplo para encontrar el cambio que hay en la tasa de interés nominal a la real, luego de agregar otros cargos obligatorios que nos hace el banco cada mes.

Estos ejemplos van acompañados de calculadoras específicas para tarjetas de crédito y le brindan la oportunidad a usted de ingresar su saldo, costos mensuales y anuales para que, en vez de utilizar los ejemplos presentados, usted pueda personalizarlos con su propia información y los resultados reflejen lo que usted queda pagando por usar su tarjeta de crédito.

Básicamente la persona que tiene una tarjeta de crédito tiene la capacidad de pedir prestado cada mes cierta cantidad de dinero del banco, con solo mostrar la tarjeta y una identificación.

Esa cantidad de dinero o límite de la tarjeta de crédito, es el monto máximo que el cliente puede gastar con la tarjeta de crédito y es una cantidad de dinero que el banco determina para cada tipo de tarjeta de crédito y puede cambiar para cada cliente.

Al final de un período de tiempo, usualmente un mes, el banco presenta al cliente un estado de cuenta donde se detallan todos los gastos hechos en el mes por el cliente y al sumar todos estos gastos, más el saldo pendiente del mes anterior, si lo hubiera, tenemos el saldo total a pagar para ese mes.

Si escogemos pagar la totalidad de ese saldo al banco, antes de la fecha de pago, no se cobrarán recargos ni intereses por haber usado el dinero del banco hasta ese momento.

Si escogemos no pagar la totalidad de ese saldo, pagaremos intereses por el dinero que el banco nos ha prestado y tenemos dos opciones, pagar la cantidad que el banco indica como pago mínimo, o bien, pagar una suma mayor al pago mínimo pero menor que el saldo total adeudado.

El pago mínimo es la cantidad de dinero que el banco espera recibir, si recibe menos de esa cantidad, el cliente incurre en morosidad con recargos o multas por no haber pagado el mínimo obligatorio y el banco también puede cancelarle la tarjeta de crédito al cliente.

El pago mínimo se calcula según lo acordado entre las partes en el contrato de la tarjeta de crédito, usualmente tiene dos límites, uno es un porcentaje del saldo total adeudado, digamos, 3.0 %, y otro límite, una suma definida de dinero, digamos 25.00 dólares

La mayor de las dos limitantes, 3.0 % del saldo o 25 dólares, es la cantidad que el banco aceptará como pago mínimo mensual, no aceptará menos sin una penalidad para usted.

Si usted tiene una tarjeta de crédito y no sabe los límites que le aplican a usted, puede preguntarle a su banco, o puede deducirla usted mismo viendo el saldo de su tarjeta de crédito y lo que le cobran como pago mínimo ese mes.

Si tenemos un saldo de 4,000 dólares, el pago mínimo será 3 % de 4,000 dólares, o sea, 120 dólares y como 120 es mayor que el pago mínimo obligatorio de 25, nos cobran 120 dólares como pago mínimo ese mes. Si usted no sabe que su pago mínimo es de 3 % del saldo, lo puede deducir al ver lo que debe (4,000) y lo que le cobran como pago mínimo (120), esto es 3 % (120/4,000 x100).

Si tenemos un saldo de 100 dólares, el pago mínimo será 3 % de 100 dólares, o sea, 3 dólares y como 25 es mayor que el pago mínimo de 3 %, nos cobran 25 dólares como pago mínimo ese mes.

Estos valores, 3.0 % y/o 25 dólares, cambian de banco a banco y lo mejor es que cada cliente conozca lo que estipula su propia tarjeta de crédito como pagos mínimos obligatorios.

Al no pagar la totalidad del saldo adeudado, se está usando el dinero del banco como un préstamo para pagar las compras o gastos hechos con la tarjeta de crédito.
El banco cobrará un interés por ese préstamo y este interés es la tasa de interés de la tarjeta de crédito.

Los intereses de las tarjetas de crédito varían según la entidad o banco que las entrega y en Panamá, de acuerdo a un análisis de la Acodeco, están dentro del rango del 7.50 % al 24.82 % de interés anual.
Si usted tiene una o varias tarjetas de crédito, es muy recomendable saber el interés que le cobran en cada una.

Estos intereses son tasas nominales y no las tasas reales o efectivas de las tarjetas de crédito. Una tarjeta de crédito con una tasa de interés anual de 18.0 % puede ser presentada en los estados de cuenta como con una tasa diaria de 0.05 % (18.0 % entre 360 días) o con una tasa mensual de 1.50 % (18.0 % entre 12 meses).

Es importante resaltar varios aspectos con las tarjetas de crédito, tal vez lo más importante sea comprender que nos cobran un interés bastante alto en comparación con los intereses que conseguimos al ahorrar nuestro dinero en los mismos bancos que nos entregan la tarjeta de crédito.

Para ayudar a comprender como funcionan las tarjetas de crédito usaremos algunos ejemplos que mostrarán el costo total de lo que financiamos y la cantidad de tiempo que toma en pagarlo, ya que muchas veces no lo sabemos.

Estos ejemplos pueden ayudarnos a comprender mejor el efecto que tienen las tarjetas de crédito en nuestras finanzas.

Hay personas que para pagar el saldo que deben a la tarjeta de crédito escogen hacer pagos fijos constantemente todos los meses, como si fuera una letra mensual de un préstamo que tienen que pagar, y hay otras personas que únicamente hacen los pagos mínimos obligatorios cada mes.

Haciendo pagos fijos mensualmente, se paga menos dinero en interés y se cancela el préstamo en menos tiempo, que haciendo únicamente los pagos mínimos obligatorios cada mes.

La diferencia que hay entre hacer los pagos mínimos y pagos fijos mensualmente se muestra con el siguiente ejemplo.

Ejemplo 25:   Una persona debe 5,000.00 dólares a la tarjeta de crédito con un interés de 19.0% anual y un pago mínimo obligatorio de 3.0% o 25.00 dólares.

a)   ¿Cuánto es el pago mínimo en el primer estado de cuenta?, ¿para el segundo mes?

b)   Si cada mes pagamos únicamente el pago mínimo obligatorio y sin incurrir en nuevas deudas, ¿con cuánto dinero y en cuántos meses pagaremos la deuda?

c)   Si se pagan fijamente 150.00 dólares cada mes, ¿con cuánto dinero y en cuántos meses pagaremos la deuda?

d)   ¿Cuál es la diferencia en dinero y tiempo entre hacer únicamente pagos mínimos obligatorios cada mes y hacer pagos fijos de 150 dólares todos los meses?

Para encontrar las respuestas a estas preguntas, se utilizan dos calculadoras diferentes de calcfina.com, ambas de tarjeta de crédito pero una es de pagos mínimos y la otra de pagos fijos.
A continuación las respuestas:

a)   El pago mínimo en el primer estado de cuenta es de 150.00 dólares, ya que es obligatorio pagar 3.0% del saldo (0.03 x 5,000 = 150).

Para el segundo mes el pago mínimo será de 147.88 dólares.
Desde el mes 127 en adelante el pago mínimo serán 25 dólares.

b) Si cada mes pagamos únicamente el pago mínimo obligatorio
(3% de saldo o 25.00 dólares) y sin incurrir en nuevas deudas,
pagaremos un total de 10,017.57 dólares, 5,017.57 dólares en
intereses por un préstamo de 5,000.00 dólares.
El préstamo se terminará de pagar en 14.5 años (174 meses).

Tarjeta Pago Mínimo

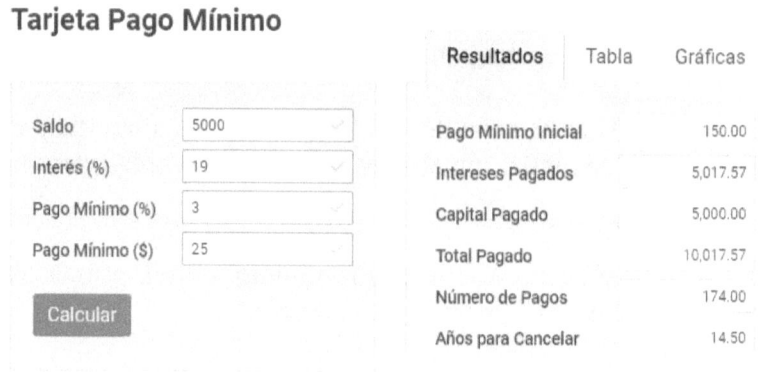

c) Si se pagan fijamente 150.00 dólares cada mes pagaremos un
total de 7,164.50 dólares, 2,164.50 en intereses y 5,000.00
dólares del préstamo.
El préstamo se terminará de pagar en 4 años (48 meses).

Tarjeta Pago Fijo

d)   La diferencia entre hacer únicamente el pago mínimo obligatorio cada mes y pagar fijamente 150 dólares cada mes, es de 2,853.07 en intereses (5,017.57 - 2,164.50), y la diferencia en tiempo para terminar de pagar la cuenta es de 10.5 años (126 meses).

Uno de los factores más importantes de cada tarjeta de crédito es la tasa de interés que nos cobran.

Para apreciar el efecto que tiene la tasa de interés de la tarjeta de crédito en la cantidad de dinero que terminamos pagando como interés, se comparan, en el siguiente ejemplo, diferentes tasas de interés para un mismo préstamo y se muestra cuánto dinero terminamos pagando por cada una.

Ejemplo 26:   Comparemos un mismo préstamo con tres tasas de interés diferentes para una misma cantidad de 5,000.00 dólares con tarjetas de crédito, los intereses serán 9.0%, 18.0% y 24.0%

En todos los casos hacemos únicamente los pagos mínimos mensuales requeridos al 3% o 25 dólares.

Tarjeta Pago Mínimo

			Resultados	Tabla	Gráficas
Saldo	5000		Pago Mínimo Inicial		150.00
Interés (%)	9		Intereses Pagados		1,518.09
Pago Mínimo (%)	3		Capital Pagado		5,000.00
Pago Mínimo ($)	25		Total Pagado		6,518.09
Calcular			Número de Pagos		118.00
			Años para Cancelar		9.83

Con la tarjeta de crédito a 9.0% de interés, 118 meses y 1,518.09 en interés.

Tarjeta Pago Mínimo

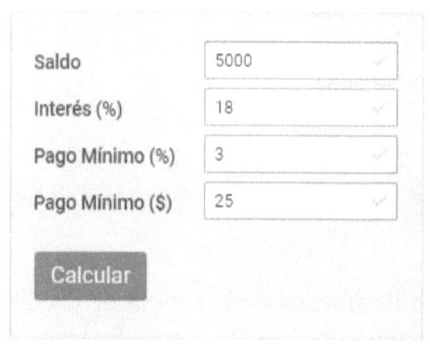

		Resultados	Tabla	Gráficas
Saldo	5000	Pago Mínimo Inicial		150.00
Interés (%)	18	Intereses Pagados		4,497.19
Pago Mínimo (%)	3	Capital Pagado		5,000.00
Pago Mínimo ($)	25	Total Pagado		9,497.19
		Número de Pagos		166.00
Calcular		Años para Cancelar		13.83

Con la tarjeta de crédito a 18.0% de interés, 166 meses y 4,497.19 en interés.

Tarjeta Pago Mínimo

		Resultados	Tabla	Gráficas
Saldo	5000	Pago Mínimo Inicial		150.00
Interés (%)	24	Intereses Pagados		8,886.95
Pago Mínimo (%)	3	Capital Pagado		5,000.00
Pago Mínimo ($)	25	Total Pagado		13,886.95
		Número de Pagos		234.00
Calcular		Años para Cancelar		19.50

Con la tarjeta de crédito a 24.0% de interés, 234 meses y 8,886.95 en interés.

Resumiendo.
La siguiente tabla muestra la cantidad pagada, solamente en intereses, para un saldo de 5,000 dólares en tarjetas de crédito con diferentes tasas de interés, haciendo únicamente los pagos mínimos obligatorios mensuales, sin agregar otros cargos a la tarjeta.

Tasa de interés	9 %	18 %	24 %
Meses pagando la deuda.	118 (9.8 años)	166 (13.8 años)	234 (19.5 años)
Intereses solamente	1,518.09	4,497.19	8,886.95

Esta tabla nos muestra claramente el impacto que tiene en tiempo y dinero la tasa de interés sobre un préstamo por la misma cantidad y haciendo únicamente los pagos mínimos obligatorios mensuales a la tarjeta de crédito.

Normalmente esta información no se encuentra en el estado de cuenta mensual de la tarjeta de crédito, pero es bueno tener una herramienta para calcular el tiempo y la cantidad de dinero que se pagará en interés al banco.

Ejemplo 27:   Una persona tiene un saldo en su tarjeta de crédito de 5,600, el interés es de 18.0% y puede pagar 455 dólares cada mes a la tarjeta, y un pago mínimo obligatorio de 3.0% o 25.00 dólares.
¿En cuánto tiempo termina de pagar su deuda? y ¿cuánto dinero se habrá pagado en intereses?

Tarjeta Pago Fijo ›

		Resultados	Tabla	Gráficas
Saldo	5500	Intereses Pagados		614.73
Interés (%)	18	Capital Pagado		5,500.00
Pago Mínimo (%)	3	Total Pagado		6,114.73
Pago Mínimo ($)	25	Número de Pagos		14.00
Pago Fijo ($)	455	Años para Cancelar		1.17

Calcular

Respuesta: La deuda se pagará en 14 meses y se habrán pagado 614.73 en intereses.

Debemos recordar el ejemplo 20, donde la tasa efectiva subió de 12.0 % a 14.0 % por haberle agregado ciertos cobros mensualmente a la letra exacta calculada.

Si revisamos el estado de cuenta de nuestra tarjeta de crédito, vemos que algo similar sucede con nuestra tarjeta de crédito, ya que en los pagos que hacemos cada mes, van sumados los cargos de seguro de fraude, seguro de desgravamen, los impuestos de ambos seguros, y al quedar pagando por lo que compramos más estos otros cargos, la tasa de interés efectiva aumenta más allá de la tasa nominal debido a esos cobros adicionales agregados por el banco cada mes.

El dinero pagado mensualmente como seguro de desgravamen únicamente cubre el saldo pendiente del préstamo en caso de fallecimiento de quien tiene la deuda pendiente por pagar.

Con el siguiente ejemplo, tomaremos en consideración y mostraremos el impacto que tienen los diferentes costos asociados con la tarjeta de crédito, los cuales todavía no hemos tomado en cuenta, estos costos adicionales afectan el tiempo y la cantidad final de dinero que terminamos pagando y causan que la tasa de interés que pagamos cambie de nominal a real.

Ejemplo 28:   Una persona tiene un saldo en su tarjeta de crédito de 2,200 dólares, el interés nominal es de 19.0% anual, ¿cuánto es la tasa de interés real, que se paga por este saldo luego de tomar en cuenta y agregar los cargos de seguro de desgravamen, seguro de fraude, los impuestos de estos seguros y el costo anual de la tarjeta ese mes? (pago mínimo obligatorio de 3.0% del saldo o 25.00 dólares).

No todos los bancos cobran las mismas cantidades por los seguros de desgravamen y de fraude. Los números presentados en este ejemplo son los de un banco en particular y lo mejor sería que usted conozca la manera que su banco le cobra los diferentes servicios prestados para que el ejemplo sea una guía personalizada a su situación.
También puede obtener los costos adicionales del mismo estado de cuenta que le envía su banco.

El seguro de desgravamen es 0.175 % del saldo, como el saldo en este ejemplo es 2,200.00 dólares, la cantidad a pagar por este seguro es 3.85 dólares, este mes, y estos 3.85 dólares pagan un impuesto de 5.0 %, que viene a ser 0.19 dólares.

El seguro de fraude es una cantidad fija mensual de 3.50 dólares y también paga un impuesto de 5.0 %, en este caso, 0.18 dólares.
En total se pagan 7.72 dólares en seguros e impuestos.

Usualmente, para tener una tarjeta de crédito, el banco cobra una membresía anual y esta suma varía dependiendo del banco o del tipo de tarjeta de crédito, en este ejemplo asumiremos que la membresía o costo anual de la tarjeta de crédito es de 90.00 dólares.

Normalmente este pago se hace una vez al año pero para tomar en cuenta este costo anual en nuestro calculo, dividimos 90.00 dólares entre 12 y esto resulta en un costo mensual de 7.50 dólares.

Como hemos visto, en ese mes, el estado de cuenta le indicará un pago mínimo de 66.00 dólares (34.83 a intereses y 31.17 dólares a capital), pero también hay que pagar los siguientes costos adicionales:

Seguro de desgravamen	3.85
Impuesto	0.19
Seguro de fraude	3.50
Impuesto	0.18
Costo de la membresía	7.50
Total de costos adicionales:	15.22 dólares

La pregunta a responder es, ¿cuánto es la tasa de interés real, que se paga por el saldo de 2,200.00 dólares en la tarjeta de crédito luego de tomar en cuenta los costos adicionales ese mes?

El banco puede decir que la tasa de interés es de 19.0 % y que ciertamente hay otros costos adicionales que se tienen que pagar cada mes pero que no tienen que ver con la tasa de interés.

Nosotros podemos decir que la tasa de interés efectiva va a ser determinada por los siguientes dos factores:

La cantidad que pedimos prestada ese mes, 2,200 dólares.
La cantidad de dinero total a pagar ese mes, como pago mínimo, 81.22 dólares (66.00 + 15.22).

Tasa de Interés Real de Tarjeta

Resultados

Saldo	2200
Interés (%)	19
Cargos ($)	15.22

Calcular

Tasa de Interés Real — 27.30

Respuesta: 27.30 %

Con este ejemplo se muestra claramente el alto costo de la tarjeta de crédito, ya que, al tomar en cuenta el financiamiento y otros gastos adicionales podemos calcular que la tasa de interés que realmente pagamos, en este ejemplo, pasa de una tasa nominal de 19.0 % a una tasa efectiva de 27.3 %.

Puede ser que este banco, al que le estamos pagando 27.3 % de interés sea el mismo que nos paga 1.0 % por nuestros ahorros y todo esto sin tomar en cuenta las multas, penalidades y recargos extra que nos imponen si no cumplimos con pagar el pago mínimo requerido.

La penalidad puede ser, dependiendo del banco, 100 % de lo adeudado hasta un límite de 40.00 dólares y también puede ser que le aumenten la tasa de interés nominal de su tarjeta de crédito.

Si en el ejemplo anterior le sumamos 40.00 debido a cargos extra o penalidades, tendremos una tasa de interés real de 49.12 % ese mes por haber pedido prestado 2,200.00 dólares.

Cuando una persona tiene una deuda, ya sea con la tarjeta de crédito o algún préstamo, es bueno saber lo que le cobran realmente. La tasa de interés real indica eso mismo y de esta manera se puede comparar el costo de diferentes y variados tipos de préstamos para que usted tome las decisiones que más le convienen.

En este caso el préstamo le cuesta 27.3 % en interés. ¿Usted conoce o tiene acceso a alguna inversión en la que usted gane 27.3 %?

Supongo que no, por eso debemos saber que:

La mejor manera de ganar 27.3 % con nuestro dinero es no pagar 27.3 % en nuestras deudas.

Cómo ser pobre (10 Tips)

1 Gastando más de lo que se gana.
2 Comprando cosas que no necesitas.
3 No dar o ayudar en nada a nadie.
4 No saber dónde se va tu plata.
5 Esperar xyz para empezar a ahorrar o invertir.
6 Pedir préstamos para todo.
7 Endeudarse con la tarjeta de crédito.
8 Invertir en cosas que no entiendes.
9 Botar cosas, dinero, comida, tiempo, salud.
10 No educarte financieramente.

Autor desconocido.

Gastar - Ahorrar - Invertir

"El riesgo más grande es no hacer nada"

Mark Zuckerberg

Gastar - Ahorrar

Muchas personas se preguntan ¿qué es mejor, ahorrar o invertir algún dinero que tengo o pagar alguna deuda que tengo?

Esta es una decisión muy personal en la cual hay que considerar muchos factores para que cada uno tome la mejor decisión.

Sin embargo, con el siguiente ejemplo, dos personas imaginarias ilustran el punto sin emitir recomendaciones generalizadas.

Ejemplo 29: Una persona quiere comprar un carro de 28,000 dólares, tiene que pagar el 20% de abono inicial, 5,600 dólares, para poder pedir un préstamo de 22,400 dólares al 12.75 % de interés por 5 años.
Nota:

a) ¿Cuánto será la letra mensual del préstamo?
b) ¿Cuánto terminará finalmente costando el carro de 28,000 dólares?
c) ¿Cuánto va a pagar únicamente en intereses?

Calculadora de Préstamos

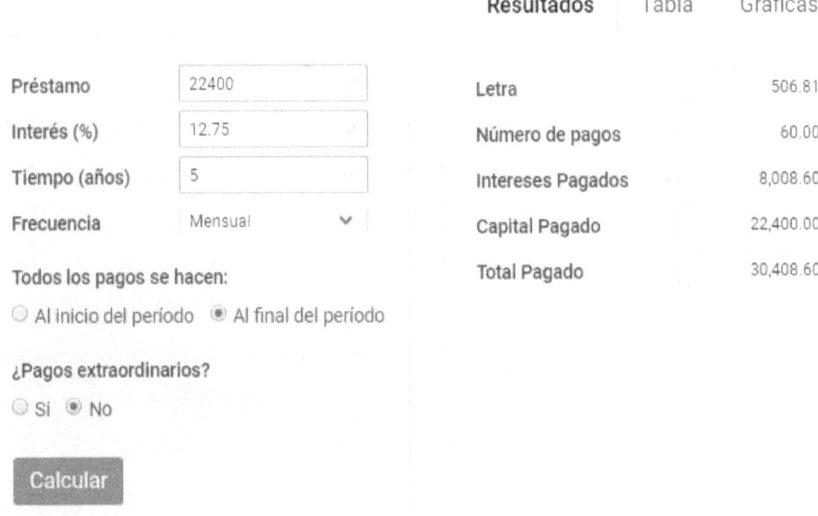

Préstamo	22400		Letra	506.81
Interés (%)	12.75		Número de pagos	60.00
Tiempo (años)	5		Intereses Pagados	8,008.60
Frecuencia	Mensual	⌄	Capital Pagado	22,400.00
			Total Pagado	30,408.60

Todos los pagos se hacen:

○ Al inicio del período   ◉ Al final del período

¿Pagos extraordinarios?

○ Si   ◉ No

Calcular

Respuestas:

a) Letra mensual de 506.81 dólares.

b) 36,008.60 dólares será el costo final del carro. Total pagado por el préstamo 30,408.60 y el abono inicial 5,600.00.

c) Se pagarán 8,008.60 en intereses.

Otra persona, con la misma cantidad de dinero para el abono inicial del carro, decidió no comprar el carro, y en vez, ahorrar los 5,600 dólares en una cuenta que le pagaba 8.0 % de interés y también decidió ahorrar mensualmente en la misma cuenta los 506.81 dólares que tenía disponible para pagar la letra del carro.

a) ¿Cuánto dinero tendría ahorrado al final de cada año por los siguientes cinco años?

Calculadora de Ahorros

Resultados   **Tabla**   Gráficas

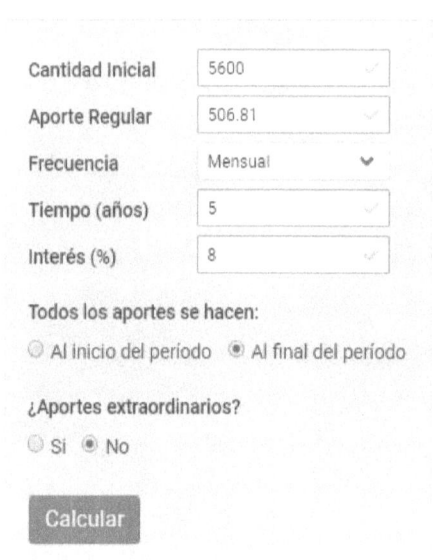

Cantidad Inicial — 5600

Aporte Regular — 506.81

Frecuencia — Mensual

Tiempo (años) — 5

Interés (%) — 8

Todos los aportes se hacen:

○ Al inicio del período   ● Al final del período

¿Aportes extraordinarios?

○ Si   ● No

Calcular

Mostrar por: ● Año   ○ Mes   ○ Todo

Año	Aporte	Interés	Balance
1	11,681.72	692.82	12,374.54
2	6,081.72	1,255.10	19,711.36
3	6,081.72	1,864.07	27,657.15
4	6,081.72	2,523.57	36,262.44
5	6,081.72	3,237.80	45,581.96

‹‹ ‹   **1**   › ››

Respuesta.

Hay varios aspectos interesantes a mostrar con este ejemplo; primero que dentro de 5 años la persona que compró el carro tendría un auto usado de 5 años y en el proceso hubiera gastado de su bolsillo la suma de 36,008.60 (por un carro de 28,000.00 dólares), mientras que el que no compró el auto y ahorró todos los meses la misma cantidad que el primero gastaba en letras, tendría una cuenta bancaria de 45,581.96 dólares, pero sin carro.

También podemos notar que al final de tres años ya se tienen ahorrados casi los 28,000.00 dólares que costaba el carro originalmente y se pudiera comprar, en ese momento, en efectivo.
Además, comparado con el que compró el carro financiado, quedan casi 2 años para seguir ahorrando los 506.81 dólares mensuales y, luego de 5 años, terminar con un carro de dos años y dinero en el banco.

Esto nos muestra la gran diferencia que hay entre comprar a crédito, pidiendo préstamos o financiando y comprar con recursos propios, en efectivo, teniendo en cuenta no sólo los intereses que nos cobran por nuestros préstamos sino también los intereses que nuestros ahorros o dineros puedan generar.

Otra situación diferente se presenta al evaluar si nos conviene pagar, todo o parte, de un préstamo que ya tenemos o ahorrar/invertir algún dinero que tengamos disponible.

Debemos considerar el interés que generarán nuestros ahorros/inversiones y compararlos con el interés que nos cobran por haber solicitado algún préstamo.

Si tenemos una tarjeta de crédito que nos cobra 26.3 % de interés y disponemos de algún dinero para ahorrar o pagar deudas y ese dinero solamente nos generará 8 % de ganancia, consideramos que es mejor pagar la deuda que nos cuesta 26.3 % con ese dinero, que ahorrarlo al 8 % de intereses.

Por el otro lado, si tenemos un préstamo cuyo interés (2.5 %), es menor a la tasa de interés que podemos generar con nuestros ahorros/inversiones, en este caso 8 %, entonces sería mejor ahorrar/invertir al 8 % y no usar nuestro dinero en pagar deudas que nos cobran un interés menor al que podemos generar.

Hay muchos otros factores involucrados en la toma de este tipo de decisiones, no únicamente el interés que ganamos o nos cuesta, lo mejor es analizar detenidamente cada opción disponible para tomar la mejor decisión.

Ahorrar - Invertir

Muchas personas trabajan duro y largas horas en uno o dos empleos para poder conseguir suficiente dinero para cubrir sus gastos y costos de vivir, la manera que tenemos para conseguir dinero es cambiando nuestro tiempo y esfuerzo por el dinero de un salario.

Hay otras personas que hacen que su dinero trabaje para ellos; estas personas invierten y hacen que su dinero les traiga más dinero sin ellos tener que ir a trabajar por ese dinero, ellos pueden dejar de trabajar pero su dinero seguirá trabajando día y noche los siete días de la semana sin parar, estos son los dueños de empresas o inversionistas y no los asalariados.

El rendimiento en las inversiones generalmente va ligado al riesgo de las mismas, a mayor riesgo, el rendimiento debe ser mayor. El riesgo es la incertidumbre que la inversión rinda como se espera o no, ya que puede ser que se pierda parte o todo lo invertido y esto es uno de los riesgos de invertir. Los rendimientos no están garantizados.

Para calcular el rendimiento de una inversión, en porcentaje de ganancia, utilizamos la calculadora Tasa de interés requerida.

Ejemplo 30:   Hace 3 años y medio una persona compró una propiedad en 9,000.00 dólares y ahora la vende, después de todos los gastos e impuestos recibe 15,000.00 dólares, ¿Cuánto es el porcentaje de ganancia en esa inversión?

Tasa de Interés Requerida

Resultados

Cantidad Inicial	9000	
Aporte Regular	0	
Frecuencia	Anual	
Tiempo (años)	3.5	
Cantidad Meta	15000	

Interés (%)　　　　15.71

Todos los aportes se hacen:

◉ Al inicio del período　　○ Al final del período

Calcular

Respuesta: 15.71 % anual. Si esa persona hubiera ahorrado 9,000.00 dólares durante 3.5 años en un banco, le hubieran tenido que dar una tasa de interés de 15.71 % para poder llegar a tener 15,000.00 dólares.

Este libro no está diseñado para indicarle cómo invertir su dinero o cómo crear un negocio; sin embargo quisiera ilustrar la gran diferencia que hay entre ahorrar para llegar a una meta e invertir para alcanzarla.

Para hacerlo hemos escogido como ejemplo, la compra y alquiler de un apartamento como inversión. Las cifras presentadas son simplificadas y únicamente a manera de ilustración, ya que no se incluyen varios detalles para no complicar innecesariamente el ejemplo.
El objetivo es calcular el porcentaje de interés ganado en la inversión presentada.

Ejemplo 31:   Como inversión, se compra un apartamento de 120,000 dólares con 20,000 en efectivo y un préstamo hipotecario de 100,000 al 4.5% por 30 años.

Luego se alquila el apartamento en 1,100 dólares y para tener números redondos se toma que en promedio que todos los gastos son 200 mensualmente, quedando 900 dólares para pagar la letra y debe sobrar algo de ganancia.

Si se toma esa ganancia y se usa como pagos extra para pagar el préstamo, se terminará de pagar en menos de los 30 años pactados inicialmente.

Hay que recordar que el alquiler de 1,100 es solo un promedio escogido para este ejemplo ya que el alquiler mensual puede cambiar con el paso del tiempo, pudiendo ser mayor o menor.

También hay que saber que habrá otros gastos adicionales como impuestos, cuotas extraordinarias, daños imprevistos, cambios en la tasa hipotecaria, pérdida de inquilino y que al aumentar estos gastos, disminuyen las ganancias. Todos estos gastos están promediados como 200 dólares mensuales pero pudieran ser más o menos.

Hacemos las siguientes preguntas:

a)   ¿Cuánto es la letra del préstamo?
b)   ¿Cuánto es la ganancia mensual luego de restarle al alquiler los gastos mensuales y la letra a pagar?

c) Si se usa esa ganancia como pago extra desde el inicio, ¿en cuántos años se termina de pagar la deuda?

d) Una vez pagada la deuda tenemos que los 20,000 dólares originales se convierten en un apartamento de 120,000 dólares y la pregunta es: ¿Qué interés debe rendir 20,000 dólares en esos años, para convertirse en 120,000 dólares?

Calculadora de Préstamos ›

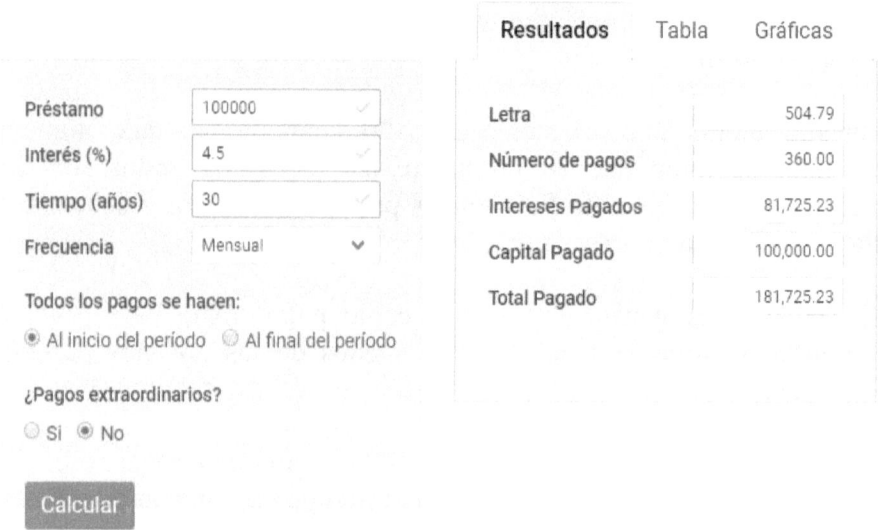

		Resultados	Tabla	Gráficas
Préstamo	100000	Letra		504.79
Interés (%)	4.5	Número de pagos		360.00
Tiempo (años)	30	Intereses Pagados		81,725.23
Frecuencia	Mensual	Capital Pagado		100,000.00
Todos los pagos se hacen:		Total Pagado		181,725.23

Todos los pagos se hacen:
◉ Al inicio del período ○ Al final del período

¿Pagos extraordinarios?
○ Si ◉ No

Calcular

Respuesta a: La letra del préstamo será de 504.79

Alquiler	1,100.00
Gastos mensuales	-200.00
Letra del préstamo	-504.79
Ganancia mensual	395.21

Respuesta b: La ganancia mensual luego de restarle al alquiler los gastos mensuales y la letra a pagar es de 395.21.

Calculadora de Préstamos ⑦

Respuesta c: Si se usan los 395.21 dólares como pago extra desde el inicio del préstamo, la deuda se termina de pagar en 144 meses, 12 años.

Tasa de Interés Requerida ?

Resultados

Cantidad Inicial	20000	Interés (%)	16.10
Aporte Regular	0		
Frecuencia	Anual		
Tiempo (años)	12		
Cantidad Meta	120000		

Todos los aportes se hacen:

⦿ Al inicio del período   ◯ Al final del período

[Calcular]

Respuesta d: La tasa de interés requerida para que 20,000 se conviertan en 120,000 en 12 años es 16.10 %.

Todos los gastos promediados a 200 dólares mensuales pudieran parecer, a primera vista, muy poco, o el alquiler promedio mensual de 1,100 dólares pudiera parecer muy alto, y por lo tanto afecte el rendimiento de 16.10 % en esta inversión.

También hay que tomar en cuenta que el apartamento tiene altas probabilidades de aumentar su valor durante esos 12 años debido a la inflación, y quisiera preguntarle: ¿cuánto cree usted que puede valer hoy día un apartamento comprado hace 12 años en 120,000 dólares?, ¿qué interés debe rendir 20,000 dólares en 12 años, para convertirse en este nuevo valor?

Si calculamos que el apartamento de 120,000 dólares subirá de valor al igual que la tasa de inflación, digamos 2.41%, esto quiere decir que en 12 años, costará 163,543.02 dólares.

Calculadora de Ahorros

Resultados   Tabla   Gráficas

Cantidad Inicial	120000
Aporte Regular	
Frecuencia	Anual
Tiempo (años)	12.08
Interés (%)	2.41

Cantidad Final	163,543.02
Aportes Realizados	120,000.00
Intereses Ganados	43,543.02

Todos los aportes se hacen:

◉ Al inicio del período   ○ Al final del período

¿Aportes extraordinarios?

○ Si   ◉ No

Calcular

Valor futuro de apartamento

La tasa de interés que tienen que generar 20,000 dólares en 12 años para convertirse en 163,543.02 dólares es:

Tasa de Interés Requerida ?

Resultados

Cantidad Inicial	20000	✓	Interés (%)	19.14
Aporte Regular	0	✓		
Frecuencia	Anual	⌄		
Tiempo (años)	12	✓		
Cantidad Meta	163543.21	✓		

Todos los aportes se hacen:

⦿ Al inicio del período   ○ Al final del período

[Calcular]

19.14 % anual.

La tasa de interés que generen sus ahorros o inversiones tiene un gran impacto en su patrimonio. Esto es fundamental para alcanzar sus metas o sobrepasarlas, algunas veces nos conformamos con un menor rendimiento por no comprender el impacto que este nos causa.

Mencionamos que, "Los ricos ponen a trabajar muy duro su dinero para conseguir más dinero, los pobres trabajan muy duro para conseguir dinero."

Con el siguiente ejemplo veremos lo duro que su dinero puede trabajar para usted.

Ejemplo 32:   Una persona ahorra 100 dólares quincenalmente durante 25 años.
¿Cuánto dinero tendrá si sus ahorros ganan 1.0 %, 9.0 % o 18.0 %?
¿Cuánto dinero será aportado por esta persona y cuánto será generado por intereses ganados?

Calculadora de Ahorros

Resultados   Tabla   Gráficas

Cantidad Inicial	
Aporte Regular	100
Frecuencia	Quincenal
Tiempo (años)	25
Interés (%)	9

Cantidad Final — 226,122.02
Aportes Realizados — 60,000.00
Intereses Ganados — 166,122.02

Todos los aportes se hacen:
◉ Al inicio del período   ○ Al final del período

¿Aportes extraordinarios?
○ Sí   ◉ No

Calcular

Respuesta:

1.0 %	25 años	68,178.48 dólares	(aporte 60,000, intereses 8,178.48)
9.0 %	25 años	226,122.02 dólares	(aporte 60,000, intereses 166,122.06)
18.0 %	25 años	1,175,664.07 dólares	(aporte 60,000, intereses 1,115,664.07)

La diferencia, en este ejemplo, entre ahorrar o invertir la misma cantidad de dinero, al 1.0 % o al 18.0 %, es más de 1.1 millón de dólares.

Esto nos debe hacer ver muy claramente el gran impacto que tiene el conseguir una mayor tasa de interés para nuestros ahorros o inversiones.

Ejemplo 33:   Hace un tiempo, mi amigo Manuel me hizo una pregunta y quisiera compartir mi respuesta con ustedes.

Mi amigo vive en un apartamento pero quiere mudarse a vivir a un apartamento nuevo y más grande. Manuel no sabe si vender el apartamento en el que vive para ayudarlo a pagar parte del abono inicial para el apartamento nuevo (opción 1), o alquilar a otras personas el apartamento en el que vive para con esos ingresos ayudarlo a pagar la letra del nuevo apartamento todos los meses (opción 2).

117

Se presentan algunos detalles para ilustrar mejor la situación y poder encontrar lo que le conviene a Manuel, si vender o alquilar su apartamento.

El apartamento en el que vive lo puede vender en 180,000 dólares pero tiene una deuda hipotecaria de 80,000.00 dólares.

El precio del apartamento nuevo es 240,000 dólares.

Opción 1 - Vender

Para encontrar la cantidad de dinero que Manuel se ahorraría mensualmente al comprar el apartamento nuevo, si vende el apartamento actual, debemos comparar las letras mensuales de los dos posibles préstamos. Primero, si la compra del apartamento nuevo se hace sin vender el apartamento actual y segundo, si la compra se hace luego de vender el apartamento actual y con esos dineros reducir el monto del préstamo inicial.

Primero, vamos a calcular la letra del apartamento nuevo, como si fuera comprado sin vender el apartamento actual.

El apartamento nuevo vale 240,000, y para comprarlo hay que dar un abono de 10%, o sea 24,000 mil dólares, por lo que el monto a pedir prestado para comprar el apartamento nuevo queda en 216,000.

La letra del apartamento nuevo, con un préstamo de 216,000 al 4.75 % de interés a 25 años sale en 1,231.45 dólares.

Calculadora de Préstamos

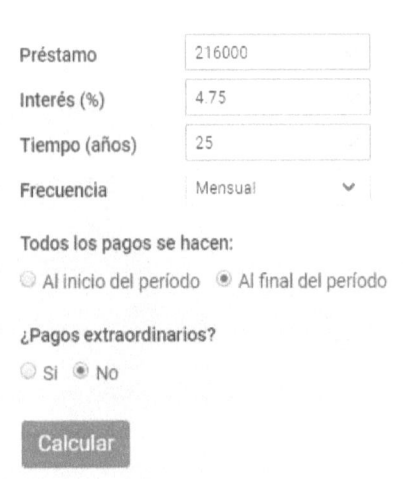

	Resultados	Tabla	Gráficas
Préstamo	216000	Letra	1,231.45
Interés (%)	4.75	Número de pagos	300.00
Tiempo (años)	25	Intereses Pagados	153,436.05
Frecuencia	Mensual	Capital Pagado	216,000.00
		Total Pagado	369,436.05

Todos los pagos se hacen:

◯ Al inicio del período ⦿ Al final del período

¿Pagos extraordinarios?

◯ Si ⦿ No

Calcular

Letra de préstamo.

Apartamento nuevo	240,000.00
- Abono inicial de 10%	24,000.00
Monto del préstamo	216,000.00
Letra mensual	1,231.45

Segundo, vamos a calcular la letra del apartamento nuevo, como si fuera comprado con el 10% de abono inicial que ya se tiene para hacer la compra (24,000.00 dólares) y la ayuda del dinero recibido al vender el apartamento actual.

Al vender el apartamento actual en 180,000 y restarle 80,000 de deuda, 10,000 de impuestos y 5,000 de comisión bienes raíces y/o otros gastos varios, quedan 85,000 para ayudar a pagar el apartamento nuevo.

El apartamento nuevo vale 240,000 y al restarle el abono de 10% (24,000) y los 85,000 de la venta, el monto a pedir prestado para comprar el apartamento nuevo queda en 131,000.

La letra del apartamento nuevo, con un préstamo de 131,000 al 4.75 % de interés a 25 años sale en 746.85 dólares

Calculadora de Préstamos

		Resultados	Tabla	Gráficas
Préstamo	131000	Letra		746.85
Interés (%)	4.75	Número de pagos		300.00
Tiempo (años)	25	Intereses Pagados		93,056.11
Frecuencia	Mensual	Capital Pagado		131,000.00
Todos los pagos se hacen:		Total Pagado		224,056.11

○ Al inicio del período ● Al final del período

Letra de préstamo.

Apartamento nuevo	240,000.00
- Abono inicial de 10%	24,000.00
- Dinero de la venta	85,000.00
Monto del préstamo	131,000.00
Letra mensual, opción - 1	746.85

Si se vende al apartamento y el dinero ganado en la venta se usa para abonarlo a la compra del nuevo apartamento, Manuel quedará pagando mensualmente 746.85 dólares y se ahorraría todos los meses la suma de 484.60 (1,231.45 - 746.85 = 484.60).

Letra mensual	1,231.45
- Letra mensual, opción - 1	746.85
Ahorro mensual	484.60

Opción – 1 Vender y Ahorro mensual

Opción 2 – Alquilar

Cuando se alquila un apartamento hay 3 posibles maneras distintas de ganar dinero, vamos a llamar a estas tres maneras de generar ganancias mediante el alquiler de ese apartamento G1, G2 y G3.

G1 – Ganancia por alquiler mensual

G1 son las ganancias que se obtienen después de restarle todos los gastos al ingreso por alquiler.

Si Manuel decide alquilar su apartamento actual y usar esas ganancias para ayudarlo a pagar la letra del nuevo apartamento, debemos encontrar la cantidad de dinero que Manuel obtiene como ganancias por alquilar el apartamento.

Manuel alquila mensualmente su apartamento en 1,100.00 dólares pero de este dinero debe restar los gastos que debe hacer mensualmente, algunos de estos gastos se detallan a continuación, aunque hay que aclarar que no necesariamente son los únicos que puede tener pero a manera de ejemplo y mantener la simplicidad no se detallan todos los posibles gastos.

El apartamento actual fue comprado hace 13 años en 120,000 dólares y se abonaron 12,000 dólares en ese entonces, para un préstamo inicial de 108,000 a 4.5% durante 30 años, tenemos que la letra mensual que Manuel está pagando es 547.22 y como ha sido la única vivienda de Manuel, no paga el FECI, pero ahora, al tener dos viviendas, debe pagar 1.0 % de FECI en la propiedad en la cual no reside, ya que la propiedad en la que se reside, no paga FECI.

Debido al FECI, el préstamos hipotecario cambia el interés de 4.5% a 5.5% y recalculamos la letra mensual del apartamento actual, recordando que Manuel tiene un saldo pendiente de 80,000 dólares y que ya han pasado 13 años desde el préstamo inicial pactado a 30 años, por lo que le quedan 17 años para pagar el préstamo.

La letra mensual a pagar por el apartamento actual que se pone en alquiler es de 604.49 dólares.

Calculadora de Préstamos

Resultados | Tabla | Gráficas

Préstamo	80000
Interés (%)	5.5
Tiempo (años)	17
Frecuencia	Mensual

Todos los pagos se hacen:

○ Al inicio del período ● Al final del período

Letra	604.49
Número de pagos	204.00
Intereses Pagados	43,315.41
Capital Pagado	80,000.00
Total Pagado	123,315.41

Nueva letra a pagar.

El FECI es el Fondo de Compensación de Intereses, la Ley 4 promulgada el 17 de mayo de 1994 y modificada en el 2013 que estipula una tasa de 1.0% anual sobre ciertos préstamos para subsidiar al sector agropecuario y agroindustrial en Panamá. Tal vez en su país no exista algo parecido o se llame por otro nombre, por lo que es suficiente entender que el FECI aumenta el interés hipotecario en 1.0%, en este caso de 4.5 a 5.5 %.

El gasto de mantenimiento mensual en el edificio, 100.00 dólares.

Costo del seguro de vida mensual, 50.51 dólares.

Este apartamento pudiera estar exonerado del impuesto de inmueble pero se lo vamos a tomar en cuenta para explicar mejor este ejemplo. Como hemos visto anteriormente en la sección de impuestos de inmueble, este apartamento registrado en 120,000 dólares debe pagar anualmente 720.00 dólares que equivalen a 60.00 dólares mensualmente.

Si tomamos el ingreso que se obtiene por alquilar el apartamento mensualmente y se restan los gastos obligatorios de cada mes, se obtiene la ganancia G1, en este caso es de 285.00 dólares mensualmente como se muestra en la siguiente tabla.

Alquiler de apartamento	1,100.00
- Letra adeudada	604.49
- Cuota de Mantenimiento	100.00
- Costo de Seguro de Vida	50.51
- Impuesto de Inmueble u otros	60.00
G1 - Ganancia mensual por alquiler:	285.00

G2 - Ganancia por abono a capital

Cuando se paga la letra del apartamento al banco, este pago es dividido por el banco en dos partes, una para pagar los intereses del préstamo y otra para abonar a capital.

La parte que se destina a pagar los intereses es la ganancia para el banco por haber prestado el dinero para comprar el apartamento.

La parte que se destina a pagar el capital de la deuda (G2), es ganancia para el dueño ya que el apartamento está siendo pagado por el inquilino que paga la renta.

El abono a capital en el año 1, donde se empieza a alquilar el apartamento, se encuentra en la tabla de amortización y anualmente es 2,926.90 dólares, por lo que el promedio mensual para el primer año es de 243.90 dólares (note que esta cantidad aumenta cada año).

Calculadora de Préstamos

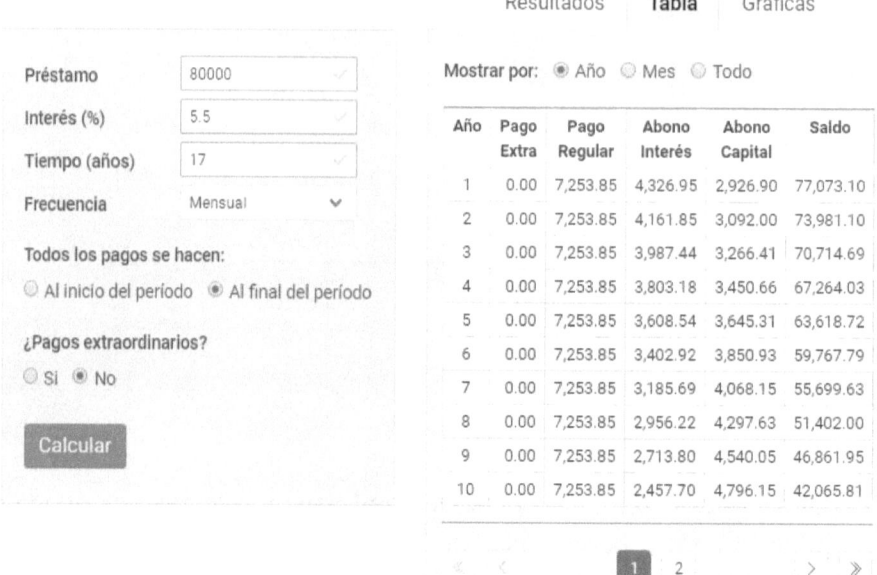

Año	Pago Extra	Pago Regular	Abono Interés	Abono Capital	Saldo
1	0.00	7,253.85	4,326.95	2,926.90	77,073.10
2	0.00	7,253.85	4,161.85	3,092.00	73,981.10
3	0.00	7,253.85	3,987.44	3,266.41	70,714.69
4	0.00	7,253.85	3,803.18	3,450.66	67,264.03
5	0.00	7,253.85	3,608.54	3,645.31	63,618.72
6	0.00	7,253.85	3,402.92	3,850.93	59,767.79
7	0.00	7,253.85	3,185.69	4,068.15	55,699.63
8	0.00	7,253.85	2,956.22	4,297.63	51,402.00
9	0.00	7,253.85	2,713.80	4,540.05	46,861.95
10	0.00	7,253.85	2,457.70	4,796.15	42,065.81

G2 - Ganancia por abono a capital anual es de 2,926.90 (243.90 dólares cada mes).

G3 - Ganancia por posible valuación.

Se gana dinero cuando, y si es que, el apartamento aumenta de valor o se avalúa.

Esto no siempre es así ya que el apartamento puede perder valor y no necesariamente tiene que subir de precio o avaluarse cada año, además, el hecho que el apartamento de Manuel haya aumentado de valor no quiere decir que lo seguirá haciendo al mismo ritmo.

Habiendo dicho esto, podemos encontrar el porcentaje al que se ha avaluado el apartamento hasta la fecha utilizando la calculadora de Tasa de interés requerida en calcfina.com.

En este ejemplo se dijo que el apartamento se compró en 120,000 y 13 años después vale 180,000 esto resulta en una valuación anual de 3.17 %.

Tasa de Interés Requerida

Resultados

Cantidad Inicial	120000	
Aporte Regular	0	
Frecuencia	Anual	
Tiempo (años)	13	
Cantidad Meta	180000	

Interés (%)   3.17

Todos los aportes se hacen:

◉ Al inicio del período   ○ Al final del período

[Calcular]

Tasa de interés requerida para que el apartamento suba de 120,000 a 180,000 en 13 años es 3.17 % anual.

Si el apartamento vale actualmente 180,000 dólares y se avalúa cada año 3.17%, como lo ha hecho hasta la fecha por los últimos 13 años, pero recordando que de esto no hay garantía, tenemos que G3 para este año es de 5,706.00 dólares (3.17% de 180,000.00), resultando en un G3 mensual de 475.50 dólares.

G3 - Ganancia por posible valuación es de 475.50 dólares mensualmente.

Para tener una apreciación más amplia de la opción 2, alquilar el apartamento, debemos tomar en cuenta las tres diferentes posibles de ganar dinero

Ganancia por alquiler, G1	285.00
Ganancia por abono a capital, G2	243.90
Ganancia por posible valuación, G3	475.50
G1 + G2 + G3	1,004.40

125

Esto no quiere decir que a la letra del nuevo apartamento, de 1,231.45 dólares, hay que restarle las ganancias procedentes de las 3G, 1,004.40 dólares, y que solamente se pagará la diferencia, 227.05 dólares.

Esto no se puede hacer debido a que las posibles ganancias provenientes de G2 y G3 son ganancias que se obtienen pero no en dinero en efectivo todos los meses, solamente G1 se recibe en efectivo y esta suma, si puede ser usada para disminuir el costo de la letra mensual del nuevo apartamento ya que se recibe en efectivo.

Letra mensual	1,231.45
- Ganancia por alquiler G1	285.00
Letra mensual, opción - 2	946.45

Esta letra mensual del nuevo apartamento puede ser comparada con la letra mensual obtenida con la opción 1, la de vender el apartamento, y observamos que si se toma la opción 2, alquilar el apartamento, se pagarán mensualmente 134.63 dólares de más, que si se escoge la opción 1, vender el apartamento.

Letra mensual, opción – 2 alquilar	946.45
- Letra mensual, opción – 1 vender	746.85
Diferencia	199.60

Si Manuel no puede hacerle frente a este gasto adicional de 199.60 dólares mensualmente, no debería escoger la opción 2, alquilar el apartamento.

Sin embargo, si escoge la opción 2, recibiría las ganancias provenientes de G2 y G3, las cuales suman 719.40 dólares cada mes.

Recordemos que G2 se acredita a la deuda que se tiene con el banco y llegará el momento, dentro de 17 años (si no se hacen pagos extraordinarios a la deuda), en el que la deuda de 80,000 dólares del apartamento sea pagada completamente y Manuel sea dueño de todo el primer apartamento sin deberle nada al banco.

En ese momento, cuando el apartamento deja de tener un préstamo hipotecario y ya no hay que pagar más la letra mensual, esos 604.49 dólares pasan a ser parte de ganancias por G1 en efectivo y pueden contribuir a pagar la deuda del apartamento nuevo.

G3 por su parte, se refleja en el posible aumento de la propiedad con el pasar del tiempo, ya sea que la propiedad tenga o no una hipoteca, esto ya se ha visto reflejado al observar como el apartamento ha subido de valor, de 120,000 a 180,000 dólares en los últimos 13 años.

Quisiera hacer nuevamente la aclaración que este ejemplo ha sido únicamente para ilustrar la respuesta a mi amigo Manuel, para que él tome la decisión que mejor le parezca en base a los números presentados.

Este ejemplo es una muestra del tipo de preguntas que se puede resolver teniendo las herramientas y el conocimiento que se ha presentado en este libro para su información.

Por último, y solo por curiosidad:

¿Si usted fuera Manuel, qué opción escogería, la 1 o la 2?

Seguros médicos y seguros de vida

Este trabajo estaría incompleto si no mencionamos brevemente el funcionamiento y la importancia de estos seguros.

Los seguros son un contrato entre el asegurado, que paga una cantidad de dinero cada mes, llamada la prima, y la compañía de seguro. Este contrato está detallado en la póliza de seguro y hay seguros que cubren diferentes tipos de eventualidades o riesgos diferentes como: incendio, robo, de vida, médico, entre otros.

En la póliza se detallan las obligaciones y deberes de cada una de las partes; como asegurado, debe pagar la prima mensualmente y la compañía de seguros pagará lo que está estipulado en el contrato, por eso es muy importante tener siempre las pólizas a mano y conocer bien su contenido y limitantes.

Tener un mejor seguro médico no garantiza que tendrá mejor salud, podrá significar que será atendido en diferentes hospitales de manera expedita o diferentes países pero el seguro médico no le proporciona a usted salud, sino dinero para poder pagar los gastos médicos asociados con una enfermedad o accidente.

Generalmente se entiende que con más dinero para pagar medicinas, gastos hospitalarios, exámenes médicos y demás se tendrá una mejor atención y por ende mayores posibilidades de recuperar la salud o bienestar.

La importancia de tener un seguro médico es el estar preparado para afrontar gastos médicos inesperados que van más allá de nuestros recursos, los que pueden descarrilar las finanzas personales de cualquier persona.

De igual manera tener un seguro de vida no le garantizará la vida. Un seguro de vida es también un contrato en el que el asegurado paga una cantidad relativamente pequeña cada mes a cambio de la obligatoriedad de la compañía aseguradora de pagar cierto dinero, cantidad relativamente grande, a los beneficiarios de la póliza si el asegurado fallece.

La importancia de tener un seguro de vida es el estar preparado para brindar a nuestros seres queridos el dinero requerido para cubrir los gastos de la vida cotidiana, educación, alimentación, vivienda y demás, si llegamos a fallecer, ya que ellos no contarían con los ingresos mensuales de nuestro salario.

Para conseguir un seguro de vida, debemos considerar el monto del seguro que es necesario para cubrir los gastos de nuestros seres queridos durante nuestra ausencia (suma asegurada), para esto sería bueno preguntarnos, ¿si yo fallezco, cuánto dinero necesitará mi familia y por cuánto tiempo para cubrir sus necesidades?

También tenemos que considerar que esa suma asegurada tiene un precio que debe ser pagado a la compañía aseguradora mensualmente y ese costo, puede o no, estar dentro de nuestras posibilidades actuales.

Recientemente un amigo me preguntó sobre la conveniencia o no de tener pólizas de vida ahorrativas (llamada Universal) o sin ahorros (llamada a Término).

Para ilustrar mi punto de vista, solicité a una reconocida compañía aseguradora en Panamá dos cotizaciones diferentes para compararlas entre sí. Una póliza de vida a término (sin ahorros) y una póliza de vida ahorrativa para un no fumador con mi edad. En ambas cotizaciones la suma asegurada era por 300,000.00 dólares.

La póliza de vida sin ahorros significa que el asegurado paga una cantidad mensualmente, en este caso 155.81 mensuales, y si llega a fallecer, la compañía aseguradora paga a sus beneficiarios la suma asegurada de 300,000.

Si en algún momento, digamos después de varios años de años de estar pagando la póliza, el asegurado decide cancelarla, la aseguradora no le devuelve ningún dinero ya que la póliza era sin ahorros o a término.

La póliza de vida ahorrativa es aquella en la que el asegurado paga una cantidad mensual, en este caso 284.17 dólares, y si llega a fallecer, la compañía aseguradora paga a sus beneficiarios la suma asegurada de

300,000 dólares, y adicionalmente los dineros ahorrados a la fecha por el asegurado.

Si en algún momento, digamos después de varios años de estar pagando la póliza, el asegurado decide cancelarla, la aseguradora le devuelve los valores garantizados según la siguiente tabla.

Año y Valor Acumulado Garantizado (tasa 3.5%).					
1	1,780	8	13,299	15	16,094
2	3,586	9	14,464	16	14,869
3	5,402	10	15,412	17	13,033
4	7,141	11	16,244	18	10,512
5	8,780	12	16,783	19	7,266
6	10,436	13	16,983	20	3,171
7	11,950	14	16,776	21	0

Tabla de ahorros garantizados en póliza ahorrativa.

Luego de 21 años de estar pagando esta póliza ahorrativa, no se le devuelve ningún dinero al asegurado como ahorros y la póliza expira.

Si el asegurado decide cancelar su póliza de vida ahorrativa después de 5 años, la compañía aseguradora le devolverá como mínimo la suma de 8,780.00 dólares. Puede ser que devuelvan una suma mayor de dinero, pero eso dependerá de los rendimientos que podría generar la aseguradora para el asegurado, lo que dice la aseguradora es que garantizan devolver la suma de 8,780.00 luego de 5 años.

Una manera de comparar la póliza ahorrativa con la no ahorrativa es calcular la diferencia en los costos mensuales entre las dos pólizas y multiplicarla por 12 para saber cuánto es la diferencia anual entre una póliza ahorrativa y una no ahorrativa con la misma suma asegurada, recordando que se paga más dinero por la póliza de vida con ahorros que la que no tiene ahorros.

En nuestro ejemplo, la diferencia a pagar entre las pólizas cada mes es de 128.36 dólares y al multiplicar este número por 12 tenemos que la diferencia entre el costo de estas pólizas es de 1,540.32 dólares anualmente.

Si una persona tiene para pagar 284.17 cada mes en la póliza ahorrativa, también tiene suficiente para pagar la póliza no ahorrativa de 155.81

dólares y ahorrar cada mes la diferencia de 128.36 dólares, anualmente 1,540.32, que hay entre las dos pólizas.

Luego de 5 años, la compañía aseguradora garantiza devolver 8,780.00 con la póliza ahorrativa. Con la póliza no ahorrativa se tendría ahorrado 7,701.60 (5 x 1,540.32).

Luego de 10 años, la compañía aseguradora garantiza devolver 15,412.00 con la póliza ahorrativa. Con la póliza no ahorrativa se tendría ahorrado 15,403.20 (10 x 1,540.32).

Luego de 15 años, la compañía aseguradora garantiza devolver 16,094.00 con la póliza ahorrativa. Con la póliza no ahorrativa se tendría ahorrado 23,104.80 (15 x 1,540.32).

Luego de 21 años, la compañía aseguradora le cancelará la póliza y no le devolverá nada en ahorros. Con la póliza no ahorrativa de 155.81 dólares mensuales y ahorrando cada mes la diferencia de 128.36 dólares (sin ganar interés), dentro de 21 años tendrá 32,344 dólares y la póliza de vida vigente.

Otra manera de ver la póliza ahorrativa, que le cuesta a usted 284.17 cada mes, es una combinación de 155.81 mensuales para una póliza de vida no ahorrativa y la diferencia, 128.36 dólares.

Si esta diferencia mensual fuera invertida por la aseguradora al 3.5 %, como lo anuncian, luego de 21 años la aseguradora tendría ahorrado la suma de 47,811.99 dólares, usted nada y sin póliza de vida.

Calculadora de Ahorros

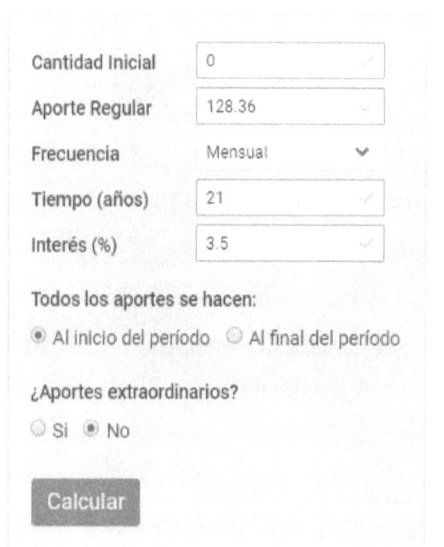

		Resultados	Tabla	Gráficas
Cantidad Inicial	0	Cantidad Final		47,811.99
Aporte Regular	128.36	Aportes Realizados		32,346.72
Frecuencia	Mensual	Intereses Ganados		15,465.27
Tiempo (años)	21			
Interés (%)	3.5			

Todos los aportes se hacen:
◉ Al inicio del período ○ Al final del período

¿Aportes extraordinarios?
○ Si ◉ No

Calcular

Ahorros por 21 años.

El objetivo de hacer esta comparación es aprender sobre las diferentes pólizas de vida y su funcionamiento para poder evaluar la que más nos conviene, no es una recomendación a favor o en contra de alguna, aunque se vea claramente cual es mejor para nosotros. También asesorarse con su corredor de seguros o directamente con la compañía aseguradora.

Otra manera que podemos usar para comparar distintas pólizas de vida es encontrar la suma asegurada por cada dólar que pagamos en póliza.

Por ejemplo, usando los valores de la póliza de vida que cotizamos, tiene una suma asegurada de 300,000 con un costo mensual de 155.81 dólares, tenemos que por cada dólar que se paga por la póliza de vida esta le cubre 1,925.42 dólares de suma asegurada, esta cantidad se obtuvo dividiendo la suma asegurada, 300,000 entre el costo mensual de 155.81 dólares.

Si queremos comparar esa póliza con otra similar de 450,000 dólares con un costo mensual de 216.37 dólares, tenemos que por cada dólar que se paga por esta última póliza, esta cubre 2,079.77 de suma asegurada.

Por cada dólar que se paga en cada póliza se obtiene una cobertura de 1,925.42 o de 2,079.77 dólares y esto nos da una idea de la póliza más costosa, la que cubre menos en suma asegurada, y de la póliza más económica, la que cubre más en suma asegurada, ya que con el mismo dólar se obtienen más beneficios.

Este método de comparar las pólizas de vida también nos permite evaluar la póliza de vida obligatoria que viene en el estado de cuenta de la tarjeta de crédito cada mes.
En el estado de cuenta de la tarjeta de crédito le llaman seguro de desgravamen, no seguro de vida, y es importante comprender la diferencia.

En el seguro de vida se paga una mensualidad y se tiene una suma asegurada fija en caso de muerte.

El seguro de desgravamen que cobra la tarjeta de crédito, es un pequeño porcentaje de la deuda, en el caso particular de un banco en Panamá es 0.175 % y a esto se le agrega el 5.0 % de impuesto.

El cargo obligatorio de seguro de desgravamen en la tarjeta de crédito se le hace al cliente cada mes para cubrir la eventualidad que el cliente fallezca y no pague el saldo de la deuda que mantiene en ese momento, en este caso, el seguro de desgravamen pagará únicamente el saldo pendiente de la deuda en la tarjeta de crédito, no paga dinero a herederos o beneficiarios.

Si el saldo en la tarjeta de crédito es de 4,000.00 se cobrará como seguro de desgravamen, asumiendo que la política del banco es cobrar el 0.175 %, la suma de 7.00 dólares ese mes.
Adicionalmente se cobrará el 5.0 % de esos 7.00 dólares como impuestos a pagar por el seguro de desgravamen, 0.35 dólares.

Por el seguro de desgravamen y su impuesto, para un saldo de 4,000.00 dólares se pagan 7.35 dólares, esto quiere decir que por cada dólar que pagamos en seguro a la tarjeta de crédito se tiene una cobertura de 544.22 dólares.

Esto nos hace ver claramente que el seguro de desgravamen es mucho más caro que el seguro de vida cotizado en la póliza no ahorrativa de nuestro ejemplo inicial, con una cobertura por dólar de 1,925.42, ya que, la cobertura por cada dólar que pagamos por el seguro de desgravamen en la tarjeta de crédito es de solo 544.22 dólares.

Cuando pedimos un préstamo hipotecario normalmente el banco exige que la casa o el apartamento, tenga seguro de incendio y también un seguro de vida o desgravamen, por si la persona que tiene la deuda llega a fallecer, sea la compañía aseguradora quien le pague al banco el saldo de la deuda y la casa o apartamento le quede a los beneficiarios del asegurado sin deberle nada al banco.

Cuando solicitamos un préstamo hipotecario el banco nos presenta que tenemos que pagar la letra, el seguro de incendio y el seguro de desgravamen. Sumando estos tres cobros obtenemos la letra final a pagar mensualmente por el préstamo que hemos recibido.

Para un préstamo hipotecario de 150,000.00 dólares el seguro de desgravamen es 0.045 % mensual, o sea 67.50 dólares mensuales. Este porcentaje es distinto para los diferentes bancos y lo mejor para nosotros es encontrar el porcentaje que nos aplica en nuestro caso. La cobertura por cada dólar que pagamos es de 2,222.22 dólares ese mes (150,000 / 67.50).

El monto a pagar por seguro de desgravamen puede ir disminuyendo cada mes, a medida que disminuye la deuda.
Pero también puede ser que la suma calculada al inicio del préstamo, cuando el saldo es mayor, se mantenga fija durante la duración de todo el préstamo, de ser así, estaríamos pagando en seguro de desgravamen, la misma cantidad todos los meses, sin importar que el saldo disminuye mensualmente. Claramente, esto no nos conviene.

Si el asegurado fallece en el primer mes de la hipoteca, con solo haber pagado 67.50 dólares se cancela la deuda de 150,000.00 dólares, pero a medida que pasan los años el saldo de la deuda va disminuyendo pero la cantidad a pagar por seguro de desgravamen se mantiene igual, 67.50 dólares mensuales durante la duración del préstamo, y si el cliente fallece luego de varios años, cuando el saldo es de digamos 15,000.00

dólares para terminar de pagar la casa, la compañía aseguradora paga al banco únicamente 15,000.00 dólares y no entrega ningún dinero a los familiares o beneficiarios del dueño de la póliza, ya que el seguro de desgravamen únicamente paga el saldo pendiente al banco. La cobertura por cada dólar que pagamos es de 222.22 dólares ese mes.

Sin embargo no es obligación que la casa o el apartamento esté asegurada con un seguro de desgravamen, que nos vende el banco; muy bien se puede comprar una póliza de vida por la cantidad del préstamo y endosar la póliza al banco.

Endosar significa convenir con la compañía aseguradora que nosotros vamos a pagar por la póliza de vida pero si fallecemos, la compañía aseguradora deberá pagarle primero al banco el saldo de la deuda que tenemos con el banco y si sobra dinero, que sea entregado a los beneficiarios designados por nosotros

Si una persona tiene un préstamo hipotecario de 150,000.00 dólares y compra una póliza de vida nueva por la misma cantidad, que le cuesta 80 dólares mensualmente (esta suma es un aproximado a manera de ilustración y no una cantidad cotizada), la puede endosar al banco.

Si esta persona ya tiene un seguro de vida de 150,000 dólares o más, puede endosar al banco la parte correspondiente al préstamo hipotecario, en este caso, 150,000 dólares sin necesidad de adquirir una póliza nueva para endosarla al banco.

Luego de varios años esta persona fallece cuando el saldo en el banco es de 15,000.00 dólares, la compañía de seguros le paga al banco los 15,000.00 dólares de saldo adeudado y la diferencia, 135,000.00 dólares, serán entregados por la aseguradora a los beneficiarios designados por el asegurado en la póliza de vida.

Los 67.50 mensuales de seguro de desgravamen únicamente cubrirían, en este caso, el saldo de 15,000.

Los 80.00 dólares mensuales de seguro de vida cubren, en este caso, el saldo de 15,000 dólares al banco y 135,000 dólares a los beneficiarios ya que la suma asegurada era de 150,000 dólares.

Esta es la diferencia entre endosar una póliza de vida a un préstamo hipotecario y tomar el préstamo hipotecario con un seguro de desgravamen.

Si una persona ha tomado un préstamo hipotecario con el seguro de desgravamen y quiere cambiarlo para endosar una póliza de vida existente o comprar una nueva para ese fin, puede hacerlo, solo debe cumplir con los requisitos del banco y la aseguradora para realizar el cambio.

El seguro de incendio es un porcentaje del valor de reposición, este valor se encuentra en el avalúo de la propiedad y varia de banco en banco pero se usa un valor aproximado al 0.01 %
Si el valor de rescate de la propiedad es 121,900.00 dólares, el seguro de incendio será 12.19 dólares al mes.

Quisiera aclarar que no soy corredor de seguros, por lo que es recomendable consultar con su Corredor, Compañía de Seguros o Banco y hacer las preguntas pertinentes para una mejor explicación y comprensión de las diferentes pólizas. De esta manera usted podrá escoger la mejor opción.

Capítulo IX. Impuestos

En esta sección mostramos la manera de calcular el impuesto sobre la renta y de inmueble en Panamá. También se explica la devolución de impuesto sobre la renta, ya que es algo que algunas personas no solicitan al gobierno por desconocimiento.

La información mostrada a continuación aplica específicamente en Panamá, pero espero que si usted se encuentra bajo otra jurisdicción tributaria, pueda utilizarla para encontrar la manera en que a usted le cobran impuestos en su país y, de ser aplicable, solicitar la devolución de impuestos para su beneficio.

Impuesto sobre la Renta (ISR)

Es el impuesto que se paga en base al salario de cada persona. El ISR es calculado y restado del salario bruto, el total de lo que usted gana, para obtener el salario neto, lo que usted recibe cuando le pagan.

La tabla para calcular la manera de pagar el impuesto sobre la renta se encuentra en el Artículo 700 del Código Fiscal de Panamá, el cual indica:

"Las personas naturales pagarán el Impuesto sobre la Renta de conformidad con las tarifas siguientes:

Si la Renta neta gravable es:	El Impuesto será:
Hasta 11,000.00	0%
De más de 11,000.00 hasta 50,000.00	El 15% por el excedente de 11,000.00 hasta 50,000.00
De más de 50,000.00	Pagarán 5,850.00 por los primeros 50,000.00 y una tarifa del 25% sobre el excedente de 50,000.00

Las personas que ganan menos de 11.000 dólares al año no pagan impuesto sobre la renta, esto viene a ser un salario de 916.67 dólares mensuales (11,000 dividido entre 12).

Una persona gana 40,000.00 dólares al año, paga 15 % de 29,000 (ya que por los primeros 11,000.00 no se pagan impuestos) que da 4,350.00 en impuesto sobre la renta.

| 0 a 11 mil | paga 0 |
| De 11 mil a 40 mil (29 mil) | paga 15% de 29,000 = 4,350 |

Total de impuesto sobre la renta a pagar por un salario anual de 40,000: 4,350 dólares.
Para calcular el pago quincenal a esta persona, se le restan 4,350 a 40,000 para llegar al salario neto anual de 35,650.
Estos 35,650 se dividen entre 24 para encontrar el pago quincenal de esa persona, 1,485.41 dólares.

Una persona gana 90,000.00 dólares al año, paga 5,850.00 por los primeros 50 mil y por los restantes 40 mil paga 25 % que son 10,000.00, sumados da 15,850.00

0 a 11 mil	paga 0.0 %
De 11 mil a 50 mil (39 mil)	paga 15 %, de 39,000 = 5,850
De 50 mil a 90 mil (40 mil)	paga 25 %, de 40,000 = 10,000

Total de impuesto sobre la renta a pagar por un salario anual de 90,000: 15,850 dólares.

Devolución de impuesto sobre la Renta

Hay personas que reciben un salario mensual por trabajar en una empresa o compañía, y han escuchado sobre la devolución del impuesto sobre la renta pero nunca lo han solicitado ya que no comprenden bien lo que esto implica o el beneficio que recibirían si lo hicieran.

Para ayudar a estas personas a evaluar si les conviene o no solicitar la devolución de impuesto sobre la renta y recibir su dinero de vuelta, procedemos a explicar el procedimiento de una manera sencilla y sin complicaciones.

Cuando las personas asalariadas pagan más impuestos sobre la renta de lo que deben pagar, pueden solicitar que se les devuelva el dinero que han pagado de más.

Primero debemos conocer la cantidad de dinero que ganamos como asalariados y la que se ha pagado durante el año anterior en impuesto sobre la renta.

Esta cifra la entrega el empleador al asalariado, en una carta a principio de año, en la que se detalla el total de ingreso recibido, las cantidades pagadas en seguro educativo, seguro social y en impuesto sobre la renta el año anterior.

Como hemos visto, a una persona con un salario de 40,000 dólares anuales le descontarán 4,350.00 dólares en impuesto sobre la renta y usaremos estas cantidades para desarrollar este ejemplo donde se muestra la manera de calcular la devolución del impuesto sobre la renta.

Esta persona usa el dinero que recibe de su salario, cada mes o quincena, para diferentes gastos como: comprar comida, pagar la hipoteca de su casa al banco, ahorrar para su jubilación, comprar medicinas, pagar la escuela de los hijos, comprar gasolina para el carro, comprar ropa, ir al cine y tantos otros gastos que pudiéramos seguir detallando.

El punto es que algunos de esos gastos son deducibles del impuesto sobre la renta y otros no lo son.

Es importante saber cuáles son los gastos deducibles del impuesto sobre la renta, ya que estos gastos se le restan al salario ganado, y hacen que el salario por el cual tenemos que pagar impuestos sea menor al salario por el cual ya pagamos impuestos.

A continuación se detallan algunos gastos deducibles del impuesto sobre la renta para explicar con un ejemplo la manera de calcular la devolución de impuesto sobre la renta. No todos los gastos deducibles permitidos por la Ley son usados en este ejemplo.

- Intereses hipotecarios.

Los intereses pagados a un banco en concepto de intereses hipotecarios son deducibles del impuesto sobre la renta hasta un máximo de 15 mil dólares anualmente.

Para conocer esta cantidad deducible, debemos solicitarla al banco o cooperativa con la que tenemos la hipoteca y estos emiten una certificación en la que se detalla el total de pagos hechos al banco ese año y se desglosa específicamente lo pagado en concepto de intereses por el préstamo hipotecario.

Para este ejemplo usaremos 5,000 como gastos en intereses hipotecarios.

Los intereses preferenciales no son gastos deducibles para efecto del impuesto sobre la renta.

- Ahorros a fondos de pensiones.

Los ahorros hechos a los fondos de pensión privados (como Progreso, Pro-Futuro y algunas cooperativas que estén certificadas para administrar dichos fondos) son deducibles de impuesto sobre la renta hasta un máximo de 15 mil dólares anualmente.

La administración del fondo de pensión, a su solicitud, emite una carta en la que certifica la cantidad aportada como ahorros al fondo de pensión, siendo estos deducibles.

Para este ejemplo asumiremos que anualmente ahorramos 4,000 dólares en un fondo de pensión.

- Gastos médicos.

Los gastos médicos son gastos deducibles, esto incluye todas las medicinas, consultas, exámenes, pólizas de salud y gastos hospitalarios.

Para que estos gastos médicos sean aceptados deben ser respaldados con su factura original detallando el nombre y número de contribuyente o cédula, estas facturas no deben tener correcciones o números borrados y como algunas veces a la factura fiscal se le desvanece la tinta, algunas personas le sacan una fotocopia a la misma antes de perder el color.

La(s) compañía(s) aseguradora(s) certifican los pagos hechos en concepto de primas o gastos médicos cubiertos por las mismas.

Para este ejemplo asumiremos que este año utilizamos 3,000 dólares en gastos médicos.

- Donaciones.

Las donaciones, a organizaciones reconocidas para tal efecto, también son deducibles del impuesto sobre la renta.

Se debe presentar los recibos, comprobantes originales o carta certificada por la institución que recibió la donación.

Para este ejemplo, asumiremos que este año donamos 2,000 dólares.

- Intereses por préstamos educativos.

Los intereses pagados al Instituto para la Formación y Aprovechamiento de Recursos Humanos (IFARHU) por préstamos educativos.

- Gastos escolares.

Los gastos escolares de dependientes menores de edad y los gastos universitarios de dependientes mayores de edad son deducibles hasta 3,600 dólares anualmente. Esta deducción puede ser aplicada a personas que pagan sus propios estudios universitarios.

- Deducción personal básica anual.

Los esposos, después de 5 años de casados, que presentan declaración en forma conjunta, tienen un gasto deducible de 800 dólares.

Teniendo toda esta información, podemos proceder a hacer el cálculo para la devolución del impuesto sobre la renta.

Tenemos a una persona con un salario anual de 40,000 dólares y que ya se le ha descontado la suma de 4,350.00 dólares en impuesto sobre la renta para ese salario.

Esta persona tiene un total de 14,000 dólares en varios gastos deducibles de impuestos:

5,000	Intereses hipotecarios
4,000	Ahorros a fondos de pensión
3,000	Gastos médicos
2,000	Donaciones
14,000	Total de gastos deducibles de impuesto sobre la renta.

Al salario recibido hay que restarle estos gastos deducibles y tendremos el salario al cual hay que calcularle el impuesto sobre la renta que realmente se debe pagar.

Salario menos deducciones:

	Salario	40,000
-	Gastos deducibles	14,000
	Salario que paga impuesto	26,000

Tenemos que una persona, con un salario anual de 26,000 dólares, debe pagar en impuesto sobre la renta la suma de 2,250.00 dólares, pero del salario anual de 40,000 dólares, ya se ha pagado 4,350.00 dólares en impuesto sobre la renta. Esto quiere decir que puede solicitar la devolución del impuesto sobre la renta pagado de más para que le devuelvan la suma de 2,100.00 dólares.

Impuesto descontado por salario de 40,000	=	4,350.00
Impuesto a pagar por salario de 26,000	=	2,250.00
Diferencia a ser reclamada como devolución del isr	=	2,100.00

Es importante contactar a un contador público autorizado para mayor información o para que prepare la declaración de impuesto o los formularios para reclamar la devolución si usted no sabe hacerlo, también hay que conseguir los documentos que respaldan todos los gastos presentados como deducciones para que sean aceptados.

Las personas en Panamá pueden reclamar la devolución del impuesto sobre la renta para los últimos 3 años.

El efecto que tiene la devolución del impuesto sobre la renta en la tasa de interés hipotecaria que pagamos por nuestra casa es que, en efecto, la devolución disminuye el interés efectivo que pagamos por nuestro préstamo hipotecario.

Si nuestro salario anual es entre 11 mil y 50 mil anualmente, pagamos impuestos sobre la renta de 15 % y cuando nos hacen la devolución de impuestos, recibiremos el 15 % de lo que reclamamos como gasto deducible de impuestos.

Si nuestro salario anual es superior a 50 mil anualmente, pagamos impuestos sobre la renta de 25 % y cuando nos hacen la devolución de impuestos, recibiremos el 25 % de lo que reclamamos como gasto deducible de impuestos.

Recordemos el ejemplo 23 f, en el que se tiene un préstamo hipotecario de 108,000 dólares al 6.0 % durante 30 años y se preguntaba: ¿cuánto dinero se pagó únicamente en intereses hipotecarios en el año 4 del préstamo al banco?

A principio del año 5, el banco hará una carta detallando que se pagaron 6,183.07 dólares únicamente en intereses hipotecarios durante el año 4 y esta carta será presentada con otros documentos en los que se demuestran los diferentes gastos o deducciones para solicitar la devolución del impuesto sobre la renta por dichas deducciones.

En este caso, (asumiendo que su salario sea entre 11 y 50 mil anualmente), se le devolverá a usted el 15 % de 6,183.07 dólares, o sea, 927.46 dólares por este gasto que usted ha hecho en intereses hipotecarios y son deducibles.

Se devolverán 15 % del 6 % de interés que pagamos, o sea que nos devolverán 0.9 % (6 x 0.15) del 6 % y por lo tanto la tasa efectiva para nuestro préstamo hipotecario es 5.1 %.

Si su salario es superior a 50 mil anualmente, la tasa de interés hipotecaria efectiva cambia de 6.0 % a 4.5 % ya que le devuelven 25.0 % del 6.0 % que ya pagó, 1.25 %.

Esto puede influir en la toma de decisiones en las personas que tienen préstamos hipotecarios y solicitan la devolución del impuesto sobre la renta ya que no es lo mismo tener un préstamo al 6.0 % (si no se solicita la devolución del ISR), que al 5.1 % o al 4.5 % (si se solicita la devolución del ISR).

El efecto que tiene la devolución del impuesto sobre la renta en la tasa de interés que ganamos ahorrando en los fondos de jubilación privada es que, aumenta el interés efectivo que ganamos por nuestros ahorros en estos fondos.

Si usted ahorra 4,000 dólares en su fondo de jubilación privada se le devolverá, dependiendo de su salario, un 15 % o un 25 % de estos 4,000 dólares que usted ahorró (600 ó 1,000 dólares), aparte de los intereses que estos 4,000 dólares ganen en el fondo de jubilación privada.

Usted gana 15 % o 25 % cada año solamente por obtener la devolución del impuesto sobre la renta en estos ahorros.

Esto es casi como que le regalen plata por ahorrar, pero las personas que no solicitan la devolución del impuesto sobre la renta no obtienen los beneficios de los gastos deducibles de impuesto sobre la renta.

Hemos expuesto el procedimiento para solicitar la devolución del impuesto sobre la renta con la esperanza que sea una ayuda a las personas que por no hacerlo, no reciben la devolución que les corresponde proveniente de haber pagado más en impuesto que lo requerido.

Impuesto de inmueble

El impuesto de inmueble lo pagan fincas, terrenos, casas, apartamentos y otros bienes inmuebles de acuerdo a lo establecido en los artículos 766 y 766-A del Código Fiscal de Panamá.

Procederemos a explicar algunos aspectos importantes de este impuesto y la manera de calcularlo con un ejemplo práctico.

Igual que cada contribuyente individual tiene un RUC y un NIT, cada finca, terreno, casa, apartamento, sociedad anónima y fundación de interés privado tienen también un RUC y NIT, el cual es necesario para ingresar a consultar saldos pendientes o demás información pertinente al bien inmueble, sociedad o fundación en la página web de la DGI, e-tax 2.

La manera de calcular el impuesto de inmueble en la República de Panamá se detalla en los artículos 766 y 766-A.

Artículo 766. Tarifa Progresiva Combinada al beneficio fiscal denominado Patrimonio Familiar Tributario (PFT).

La Tarifa Progresiva Combinada de este impuesto sobre un bien inmueble bajo el beneficio fiscal de Patrimonio Familiar Tributario es la siguiente:

1. 0.00% sobre la base imponible de cero balboas hasta B/.120,000.00.
2. 0.50% sobre la base imponible excedente de B/.120,001.00 hasta B/.700,000.00
3. 0.70% sobre la base imponible excedente de B/.700,001.00

Se entiende por base imponible del Impuesto de Inmueble, la compuesta por el valor catastral del terreno y construcción o edificación, incluidas las mejoras adicionales a la construcción o edificación original, si las hubiera.

El artículo 766-A del Código Fiscal, Tarifa Progresiva Combinada sobre bienes inmuebles que no conforman el régimen de Patrimonio Familiar Tributario, es decir, bienes inmuebles comerciales, industriales y demás, es la siguiente:

1. 0.00% sobre la base imponible de cero balboas hasta B/.30,000.00.
2. 0.60% sobre la base imponible excedente de B/.30,001.00 hasta B/.250,000.00.
3. 0.80% sobre la base imponible excedente de B/.250,001.00 hasta B/.500,000.00
4. 1.00% sobre la base imponible excedente de B/.500,001.00.

Parágrafo transitorio. Los bienes inmuebles constituidos en régimen de Propiedad Horizontal, de uso comercial, industrial y demás, que a la fecha estén exoneradas sus mejoras, pagarán la tasa sobre el uno por ciento (1%) del valor del terreno hasta el vencimiento de la exoneración de las mejoras. Una vez vencida la exoneración de dichas mejoras, se aplicarán las tarifas establecidas en los numerales 2 y 3 de este artículo.

Ejemplo 34: ¿Cuánto pagará una propiedad de 150,000.00 si es y si no es Patrimonio Familiar Tributario?

Si es PFT, pagará 0.50% sobre 30,000.00 dólares, esto es: 150.00 cada año, ya que los primeros 120,000.00 no pagan impuesto de inmueble.

Si no es PFT, pagará 0.60% sobre 120,000.00 dólares, esto es: 720.00 cada año, ya que los primeros 30,000.00 no pagan impuesto de inmueble.

Interés Preferencial

Esta Ley en Panamá es un subsidio que da el Estado para ayudar a las personas a comprar casas nuevas, la cual debe ser la residencia principal del beneficiado, entre otros requisitos.

La Ley de Interés Preferencial (Ley 3 de 1985 y sus siguientes modificaciones) establece que el Estado pagará el interés hipotecario de toda vivienda nueva con valor de hasta 45,000 dólares. El beneficiario únicamente paga la cantidad que pidió prestado para comprar la casa pero no los intereses.

En viviendas cuyo valor se encuentra entre los 45,000 dólares y hasta 80,000 dólares, el Estado paga 4% por 10 años y si la tasa de referencia es 5.75% según la Superintendencia de Bancos de Panamá, entonces al beneficiado le tocará pagar la suma de dinero que pidió prestado a un interés hipotecario de 1.75%

En casas o apartamentos nuevos que cuestan entre 80,000 dólares y 120,000 dólares, el Estado paga 3% y si la tasa de referencia es 5.75% según la Superintendencia de Bancos de Panamá, entonces al beneficiado le corresponderá pagar la suma que pidió prestado a un interés hipotecario de 2.75%

Para apartamentos nuevos solamente, no para casas, y por 5 años, a los que cuestan entre 120,000 dólares y 150,000 dólares el Estado subsidia 2.0% y para los que cuestan entre 150,000 dólares y 180,000 dólares el Estado subsidia 1.5%..

Como vemos, esto es una gran ayuda al consumidor, aunque también representa un costo para el Estado ya que es un subsidio que este paga. Con esta medida se incentiva la construcción de nuevas residencias en estos rangos, ya que se ayuda a los compradores a adquirir estas viviendas al reducirles la tasa de interés que pagan por el préstamo.

Capítulo X.   Final

En este libro se han presentado valiosas herramientas financieras y cómo aplicarlas a su favor. Algunas veces, antes de tomar acción, es mejor hacer una reflexión personal de sus metas y objetivos para luego tomar las mejores acciones.

A continuación se presenta una lista de preguntas para usted:

1. ¿Cuánto es su patrimonio actualmente?, ¿Debe más de lo que tiene?
2. ¿Está ubicado por arriba de lo indicado en la fórmula de patrimonio según su edad/ingreso?
3. ¿Cuánto aumentó su patrimonio en los últimos 5 o 10 años?
4. ¿Cuál es su nivel de endeudamiento comparado con su ingreso anual?
5. ¿Qué tasa de interés tiene su hipoteca actualmente?, ¿la puede disminuir?
6. ¿Gasta más de lo que gana?
7. ¿Conoce la tasa efectiva que le cobran en cada uno de sus préstamos?
8. ¿Hace declaración de renta anual y pide su devolución de impuestos sobre la renta?,
9. ¿Qué es mayor, su patrimonio o su ingreso anual?
10. ¿Qué porcentaje de su ingreso anual ahorra y que porcentaje gasta?
11. ¿Qué porcentaje representa su activo más valioso en su patrimonio?
12. ¿Qué porcentaje de su patrimonio está compuesto por activos productivos?
13. ¿Cuánto dinero quisiera recibir mensualmente cuando deje de trabajar y se jubile?
14. ¿De dónde obtendrá esos dineros que quiere recibir?
15. ¿Tiene usted y se encuentra en buen camino para cumplir con su plan de jubilación?
16. ¿Tiene un buen seguro de vida y seguro médico?
17. ¿Qué porcentaje de retorno tienen sus ahorros e inversiones?
18. ¿Cuánto debe y qué interés paga mensualmente en su tarjeta de crédito?

19. ¿Posee usted, o está trabajando en obtener un Fondo de Emergencia para gastos imprevistos, de salud o falta de empleo?
20. ¿Cuida su mente (actitud y pensamientos positivos y felices) y su cuerpo (alimentación y ejercicios) para reducir enfermedades o gastos médicos y prolongar su existencia?
21. ¿Cuánta parte de su ingreso anual no proviene de un salario?
22. ¿Cuáles son sus tres metas más importantes en la vida?

La intención de este libro ha sido ayudarlo a usted a Mejorar su $ituación financiera, esta es su responsabilidad, si usted no lo hace, nadie lo hará por usted.

Lectura y sitios web recomendados

Se presentan para su consideración, una pequeña lista de libros y sitios web que en nuestra opinión, son excelentes. Estos recursos nos ayudan a expandir nuestro conocimiento y crecer como personas.

"Cualquier persona que deja de aprender es viejo, ya sea a los veinte o a los ochenta. Cualquiera que sigue aprendiendo se mantiene joven"

Henry Ford

<u>Lectura</u>

Robert T. Kiyosaki (2011), El cuadrante del flujo de dinero.

Steve Siebold (2010), How Rich People Think.

Thomas J. Stanley and William D. Danko (1996), The millionaire next door: the surprising secrets of America's wealthy.

Og Mandino (1983), El vendedor más grande del mundo.

Stephen M. R. Covey (2008), The speed of trust: the one thing that changes everything.

Jim Collins (2001), Good to great: why some companies make the leap and others don't.

Credit Suisse, Global wealth Report 2019

Sitios web

Coursera	https://es.coursera.org/
edX	https://www.edx.org/
Alison	https://alison.com/
TED	https://www.ted.com/
Khan Academy	https://es.khanacademy.org/
Bigger Pockets	https://www.biggerpockets.com/
How I Built This	https://www.npr.org/podcasts/510313/how-i-built-this

Dedicatoria y agradecimientos

Este libro está dedicado a una persona maravillosa, mi esposa Sonia y a nuestros hijos, Ricardo y Diego, de quienes estamos orgullosos y siempre amaremos.

A mi amigo de la infancia, Javier Feliu por el gran trabajo desinteresado en crear y programar calcfina.com.

A mis padres Jorge y Emma por la educación y al amor que me han dado toda la vida.

A las personas que de una manera directa o indirecta han contribuido a este libro.

Y por último, pero no menos importante, a usted querido lector, por haberme dado su tiempo.

Muchas gracias,

Pedro Moreno